信息时代大学教学支持服务体系研究

XINXI SHIDAI DAXUE JIAOXUE ZHICHI FUWU TIXI YANJIU

程山英◎著

中国纺织出版社

图书在版编目（CIP）数据

信息时代大学教学支持服务体系研究 / 程山英著
. -- 北京 : 中国纺织出版社, 2019.4
ISBN 978-7-5180-4551-8

Ⅰ.①信… Ⅱ.①程… Ⅲ.①信息技术－应用－高等学校－研究－中国 Ⅳ. ①G649.2

中国版本图书馆CIP数据核字(2018)第001371号

责任编辑：姚　君　　**责任印制**：储志伟

中国纺织出版社出版发行
地　　址：北京市朝阳区百子湾东里A407号楼　　**邮政编码**：100124
销售电话：010-67004422　　**传真**：010-87155801
http://www.c-textilep.com
E-mail：faxing@c-textilep.com
中国纺织出版社天猫旗舰店
官方微博http://weibo.com/2119887771
北京虎彩文化传播有限公司印制　　各地新华书店经销
2019年4月第1版第1次印刷
开　　本：880mm×1230mm 1/32　**印张**：6
字　　数：137千字　**定价**：47.00元

前言 PREFACE

在全球化与数字化合流的交织融汇中，高等教育国际化在为世界各个角落的高等教育机构带来机遇的同时，也提出了严峻的挑战。在21世纪世界各国的竞争与协作进程中，人才培养质量的提升成为核心和关键所在。随着我国高等教育大众化进程的不断推进，如何从高等教育大国转变为高等教育强国，成为当前乃至相当长一段时期的重大历史任务。建立教学支持服务体系，开展对教师教学以及学生学习的支持和服务，无疑对保障教学和学习效能的提升具有重要价值和意义。

高校教学支持服务体系的发展经历了两个不同阶段：高等教育大众化所导致的各国高等教育教学质量的下滑，催生了大学教学支持服务体系，其主要功能是促进教师发展，保障和提升教学质量；随着信息化和全球化的发展，高等教育面临着新的时代挑战和创新发展机遇，进入20世纪90年代以来，学习方式的变革以及由此引发的课程教学领域的创新成为世界高等教育教学改革的新潮流，由此催生了应对信息时代挑战的新一代大学教学支持服务体系。

全球化与数字化合流推动下的高等教育国际化推动教育市场和教育资源的优化配置，世界范围内人才、项目、机构的流动，促使教育目标、教育活动和教育内容的国际化。而与之相伴随的人才流动的不均衡性，人才“文化认同”的缺失以及世界各国之间竞争的加剧和发展的不平衡，导致国家、社会对于高等教育的卓越与创新以及创新型人才培养的需要日趋强烈。在此过程中，教学支持服务机构不仅要通过提升教师教学效能，继续履行保障教育质量提升的重任，更重要的在于如何利用自身的机构特色和优势推动教师教学学术水平提升，进而在支持院系、高校教育教学改革、推动创新型人才培养方面发挥更大的效能，由此完成从提升教学效能走向教学效能提升与教学创新并重的历史性转型。

程山英

2018.10

目录

第一章 信息时代高等教育面临的机遇与挑战

第一节 机遇与挑战：信息时代大学教学的变革发展

随着信息技术的飞速发展和全球化进程的不断加速，数字化已成为当今世界高等教育机构的重要生存环境，以信息化带动高等教育现代化，利用信息技术支撑大学教学、科研、管理在信息时代的变革发展，成为我国高等教育机构实现跨越式发展的重要途径，教学作为大学的核心功能，其人才培养质量早已成为衡量大学办学层次和水平的最重要的标志，教学信息化也正面临一场革命性的变革。

一、信息时代大学教学创新发展的新景观

进入 21 世纪以来，在教学本位回归，提升人才培养质量的使命召唤下，随着信息技术与学习科学研究与实践的不断融合发展，世界范围内教育教学日新月异，信息技术已成为打破传统学校课堂教学模式，推动大学传统体制机制变革，实现各教学与学习支持服务部门整合，促进“课堂”向“学堂”转变的中坚力量。尤其是自 2012 年 3 月以来，诸多在线教育“重大事件”的出现，更是不断在新时空创造出大学教学创新的一道道“新景观”。日益深化的教学信息化所呈现出来的种种特点表明，它不仅推动着传统学校、教室、学习环境、学习资源、师生关系的改变，而且正逐渐成为大学教学创新发展，推动 21 世纪大学创新发展历史性变革的力量之源。

（一）从传统教科书的终结到 TED-ED 的发展：优质教育资源究竟该如何整合

信息技术推动教育的变革，首当其冲的是传统教育的三大基石：

阅读、写作和计算，而三者之中，从“文本阅读走向超文本阅读”则对传统教科书产业造成颠覆性的冲击。2012 年 3 月 14 日，总部位于美国芝加哥的不列颠百科全书公司宣布，世界上最知名、最权威、最有学术性的百科全书、英语世界俗称的 ABC 百科全书之一的《不列颠百科全书》（又称为《大英百科全书》）将停印已有 244 年历史的纸质版，今后只提供电子版。该书编辑部在官网上满怀伤感的写道:“印刷时代将成为历史，但未来是光明的。这套厚重的《不列颠百科全书》，作为全世界众多拥有者和读者思想启蒙的源泉，已经在书架、图书馆和企业档案馆存在了 244 年。今天我们宣布，当存货清空时，32 卷的《不列颠百科全书》将不再继续印刷。”而面对这样的消息，是否意味着传统印刷行业对互联网的又一次屈服？对于此事件的态度，不列颠百科全书公司总裁乔治•科兹（Gorge Cauz）认为:“这是进入新时代的标志。有些人会感到悲伤和怀旧，但我们现在拥有了更加出色的工具。大英百科全书的网站不断进行更新，它更便于扩展内容，而且具有多媒体内容。”我们认为，大英百科全书纸质版的停止印刷再一次体现了信息技术对传统知识获取和服务的颠覆性冲击。正如官方声明中所讲到的一样“这是一个重大事件？或许是吧，毕竟，它已经占据了千年时间的四分之一……但从某种意义上讲，它也是人类知识演变的另一个历史性的节点”。

数字时代的知识的获取、学习的方式以及所需服务已经远超传统方法所能提供，因此“更大、更全面、更有活力的虚拟化形式存在”的知识载体将更加有助于学习者更便捷、更全面地获取所需知识，这也必将改变传统的知识呈现方式、知识获取方式及知识服务方式，由此支持学习者自主学习、个性化学习及终身学习。因此，韩国于 2011 年 7 月初宣布未来将投入 20 多亿美元开发电子教科书，在 2015 年之前取代所有纸质教科书。学生可以通过一个云端系统访问电子学习材料，通过学校提供的平板电脑用多媒体对传统内容进行补充。该系统还允许学生在家里进行远程学习，即便不在学校也可以学习数学、语文等课程。

与传统教科书的终结相同步的则是教育教学中的视频尤其是微视频的迅速崛起。自 2010 年 8 月开始，“新浪”“网易”推出了一个国外名校公开课精选系列，简称“哈佛耶鲁公开课”。该课程的最大特色是将声情并茂的视频呈现在学习者面前，使学习者不需要远赴重洋，也能让人身临其境地感受课堂氛围。这种视频公开课的形式，惠及了全球的学习者，全世界的人们都在为这些课程的公开欢欣鼓舞。然而，经过多方面的调研和探索，“新浪”教育频道总监梅景松发出了这样的感慨：“学习还是需要强迫性的。公开课更多的是一种具有观赏性的课程，一个有 23 节课的课程系列，几乎没有人能坚持看到第 5 节。”究其原因，我们认为有两个主要因素限制了哈佛耶鲁公开课的学习：一是视频公开课的课程只是把教授上课的过程摄制下来，突出的是“教”而不是“学”。二是视频公开课的时间大多为 45 分钟左右，这个时间对很多人来说，很难耐心地看完，更多人希望的则是在几分钟内对某个知识点进行有针对性的讲解。

2012 年 3 月，TED 背后的非营利基金会刚在播客网（YouTube）上线了一个名为 TED-Ed 的教育频道，其口号为“值得分享的课程”。一个典型的 TED-Ed 课程包括四个步骤：由顶尖教师和动画师合力制作内容丰富精良，承载课程的视频内容；一些很基础的基于之前视频的小测试，方便学生快速掌握基本知识的快速问答；引入情景式分析、讨论，学生可以上传自己的答案供老师评判；提供进一步学习的资料与链接。

TED-Ed 平台最大的特色在于每一个视频下都有一个“Flip this video”按钮，学习者可以在自己感兴趣的视频下点击这个按钮，然后就可以自主编辑这段视频，编辑完成后可以将视频通过各种形式发送给学习伙伴或者在其他平台上分享。此外，教师还可以对学生的回答进行评分或者指正。因此，“flip this video”的启发在于，一是改变了传统的学习者只能面对视频进行学习的模式，学习者可以根据自己的需要自主地编辑加工这段视频，能够更有针对性地促进学习者的个性化学习；二是该视频突破了传统、单一的视频观看模式，构建了一种在线学习资源集成的新模式，不仅有视频画面，还有视频学习之前的测试和引导，视频学习之后的学习资源扩展，同时，学习者还能查阅其他学习者的评论和观点，更加有助于学习者知识的交流和内化。

（二）从开放式课程 OCW 计划到 EDX 项目的崛起：开放教育资源运动的第二次高潮

倡导教育资源共享的开放教育资源运动，无疑是当前触动教育界最为深刻的世界性潮流。自 2001 年 4 月至今，共有 1500 多门免费开放的网络课程呈现在开放式课程（Open course war，OCW）的门户网站。十余年来，OCW 计划逐渐发展成为一场全球性的开放课程风暴，进而推动世界性的开放教育资源运动。但在其统计数据中发现，OCW 计划第一门开放课程——《电路与电子学》报名学员约有 12 万人，其中只有约 1000 人通过了期中考试。在阻碍学生学习绩效的障碍中，我们认为有两个因素限制了学生的学习效果：一是 OCW 网站只提供课程讲义、大纲、课程内容，并不给学生提供在线辅导交流，学生有大量的问题无法寻找解答；二是 OCW 计划不提供学位和学分，因此，在一定程度上限制了学生在线学习的积极性与主动性。

针对上述两个问题，2011 年 12 月，MIT 宣布启动开放的网络学习项目 MITX，除提供课程资源外，还提供在线的作业、测试与讨论学习的论坛。2012 年 5 月 2 日，哈佛大学宣布将与麻省理工学院合作共建非营利合作项目 EDX，双方各投入 3000 万美元，向全球教职员工和学生提供网络在线课程，同年秋季将在线提供 5 门课程。该项目的最大特色在于所提供的课程安排中包括测试，更重要的是尽管通过测试无法获得学分，但是会提供相关证书。

梳理其发展脉络可以发现，从 MIT 推出的 OCW 计划到哈佛大学与 MIT 合作项目 EDX 的创立，呈现出一幅 21 世纪大学教学创新的全息画面。EDX 项目的创立突破了传统网络课程“教科书”搬家的建设模式，构建从教学内容的呈现、教学资源的优化配置、学习过程的实时/非实时交流学习成果的评价和认证等真正以学习者为主体的在线教育新模式。同时将突破大学教学从教授的个体行为向群体合作转变，并且使教授之间的合作超越组织机构限制，构建信息时代教学创新的团队模式，逐步形成“网络课程共建共享”的新模式。这种跨校之间教师团队的深度合作将突破现行教师发展、教学过程管理、课程设置、学分认证及教师晋升等一些复杂的政策及错综复杂的利益关系，开创 21 世纪新型教学创新合作共建的体制机制。另外，哈佛大学与 MIT 开放网络学习项目的背后是强大的名校感召力和由强大专家组共同组成的课程设计、开发、实施、管理、评价等支持服务团队，其所提供的课程必将代表和体现世界顶尖课程水平和师资力量水平。尽管不提供学分，但是其所提供的认证证书，则是面向全世界的同类课堂、教育机构的宣战。

对于 EDX 项目深远的影响和意义，加拿大远程函授教育大学阿萨巴斯卡大学（Athabasca University）的公开课倡导先驱乔治 • 西门子（George Siemens）认为，像这样的项目可以影响全球人的生活，比如，中国和印度的 10 亿学生。但如果我是中等大学的校长，现在就会非常着急。因为如果一所顶级学府提供免费的网络课程，其他大学是否需要开发这样的课程就成了一个真正的问题。

（三）从 P2PU 到"在线哈佛大学"：在线教育与传统大学平起平坐？

2007 年，在克鲁蒂亚召开的 CC 会议上几位大学里的年轻人萌生出成立一所基于网络的虚拟大学的设想。其目标是：①这所大学要打破时空、体制局限，让具有共同兴趣的人能够基于开放资源一起学习；②创建让世界上任何人都可以学习的完全开放的课程，创建开放学习社区，以同伴互助的方式开展学习，为学习者提供各种学习支持；③探索一种评价机制，能够颁发"草根"性质的"证书"，使得学习者在虚拟大学中的学习努力和成效得到他人和"网络学习社群"的承认。P2PU 的特点在于任何人都可以在这里创建课程或参与别人的课程，学习资源全部来自网络的开放资源。更大的特色在于，P2PU 成功地创造了一套学习的管理、评价制度。

试图挑战常青藤盟校的创业公司密涅瓦计划（The Minerva Project）采用 2tor 搭建的实时网上教学系统来完成学生们的核心课程教育。同时其还将和许多在线教育培训机构进行合作使用这些教育机构的教学内容作为延展学习的资源。和传统的大学教育一样，The Minerva Project 仍然会采用 4 年学制，只不过这 4 年的教育全部在互联网上完成。每一年将分 2 个学期，4 个班，每个班 10~25 人。学生们第 1 年将在自己所在国家或所住地完成基本的核心课程学习，这样所有的学生无论语言还是背景都具备了相同的学术基础。随后从第二年开始直到毕业，学生们要到一个新的国家至少是一个新的城市去学习，而且，The Minerva Project 不会提供一堂课的外语教学，但学生们要利用在陌生国家或城市学习的经历至少掌握2门外语才能顺利毕业。

从 P2PU 到"在线哈佛大学"项目的构建再一次凸显传统大学在信息时代所要面临的变革，在数字化与全球化潮流的冲击下，大学校园将打破原有的封闭性，传统大学将会承担新的"在线大学"的角色，面向全社会，而为非校园内的学生提供最优秀的教育资源。在这种趋势下，资源的共享和灵活调度，个性化的学习以及教育的普及和深化将让更多的人受益，而个人学习也不再局限于大学 4 年，更可能是终身式的学习。而随着在线教育的全面推进，教学模式将日趋模块化，在线教育"应用商店"模式的逐渐深入，由此必将带来评价和管理模式发生全新的变化。

尽管有人质疑开放教育资源运动以及在线教育的迅速发展是大学和教师在"自掘坟墓"，但是，在全球化与数字化合流的强大冲击下，超越前沿利益，从全人类整体发展及人类自身教育、生活、生存质量提升的视角下，这场轰轰烈烈的开放教育资源运动恰恰切中教育的要害，教育界优胜劣汰的历史性时代正在到来。

（四）在线教育变革发展需要解决的三个问题

1.学习质量监控与学位认证

正如传统的教育教学质量所屡遭诟病的学习评价一样，在线教育业面临学习质量监控和评价的问题，在线学习主体的学习过程及规律如何把握，在线学习环境如何恰当地支持学生的个性化学习、团队学习、研究性学习，以及如何对学生的在线学习过程进行监测，以保证学习效果成为信息时代大学教学创新不可回避的重要难题。植根于商业智能和网站分析的学习分析则为回答上述难题提供了思路和方法。

西蒙（Simon）将学习分析定义为：学习分析关注于收集、分析和报告有关一系列情境（包括正式学习、学术机构和工作场所）下学习所产生的数据，并将这些分析数据作为行动指导，以支撑和提升学习经历和学习者的成功。因此，学习分析是指通过对不同情境下，学生学习创造的大量数据的收集和推断来评价学习进步、预测未来成绩以及发现潜在的问题。在更加宏观的视角下，教育成效更多的是用学生的毕业率、考研率和就业率以及学生入学的分数等作为评价的依据。显然，采用学习分析的工具和方法，可以将学生在读期间的全过程以可视化的方式呈现出来，正如道森（Dawson）等所说的：如果能追踪学生个体的活动通过整个的学习生涯——从最初的入学，课程进展到最终毕业以及就业过渡，那么一个丰富的学生学习经历的画卷将会产生出来。同时，学习分析可以将先进的模型技术和学习成果评价相结合，以更好地理解学生，促进更高效、更有价值的教学、课程和支持。由此可以用来评价课程、项目和组织机构，这必将有助于现有的高等教育效能评价方式，帮助提供更加深入的分析，甚至可用来促进更加激进的教学改革。

尽管目前 P2PU 抑或是在线哈佛大学都不能提供传统意义上的学分或者学位证书，但是，正如克莱顿•克里斯坦森（Clayton Christensen）曾做出的预言："我敢打赌，随着教育形式变得越来越'模块化'，未来的认证将是基于课程层面的认证，而不再拘泥于学位或者某个特定的大学。这样，学生们将可以选择世界上所有来源的最优秀的课程，并因此获得新的学位。而这种模块化的教学模式和基于课程的认证体系也会让那些原本被大学教育拒之门外的人享有更多的教育权利。"因此，随着传统大学与在线教育的不断融合，课程的评价和认证将会催生新的第三方认证平台，以此来保证认证本身的"科学性"和"权威性"。

2.在线教育学习平台

自计算机和互联网技术不断融合发展以来，从传统的文字、教科书搬家的web1.0时代进入以学习社区、LMS学习管理系统的web2.0时代，在线教育学习平台一直是阻碍教学信息化深入发展的技术障碍。云计算的提出以及云服务的日渐成熟则为解决这一问题提供了思路和方法。当今在线教育平台的前沿探索尤其是在线教育公司2tor的平台无疑给我们提供可资借鉴的思路和理念。

（1）开放源代码平台。正如2tor公司第一次与USC的教育硕士合作项目的平台是开放源代码的Moodle平台。在此基础上2tor公司组建混合式虚拟教室、交互讲座、实时视频交流以及具有社会网络能力的教室。来自世界各地的学生可以通过在线教室观看高质量的视频讲座，教师可以检查学生的作业，在线签名以及通过在线聊天与学生进行交流。而在哈佛大学与MIT共同构建的EDX项目中也拟采用开放源代码平台，其优势在于其他大学也可以利用这项技术创建他们自己的在线课程，并由此推动EDX项目扩大教育范围。

（2）实现用户与内容的自动聚合平台。从在线教育平台最初可以实现注册分组，到个性化需要的不断提升，推动式服务的出现，如何最大限度地满足学生的个性化需要，成为在线教育平台必须回答的问题。在2tor公司的创始人卡兹曼看来，在线教育平台更像是脸书（Facebook)而不是数位教学平台（Blackboard，学习内容展示平台），一个伟大大学的伟大之处在于有其他学生，因此，平台的核心应该是交流和对话。在线教育平台应该围绕教室环境的设计而不是具体学科，同时，学生在平台中的活动可以根据当前学习活动的内容，自动聚合学习内容，自动聚合学习主体形成学习团队，构建在线学习共同体。

（3）学习分析技术嵌入的平台。 正如哈佛大学与MIT构建的

EDX 项目，自 OCW 计划推出十几年来，为什么通过课程学习的学生数量如此之少？也许原因在于我们目前对于学生如何学习以及哪项技术能够提升教学和学习没有很好地理解。因此，借助学习分析技术不仅能够监控学生学习活动的全过程，实现真正的学习过程评价，更加重要的意义在于可以通过对学生在线学习的研究，推动学校的教学和学习。在这些方面，波尔州立大学的可视化协作知识工作项目，以及澳大利亚卧龙岗大学使用的 SNAPP 插件，将论坛发帖数据视觉化，以帮助教师理解学生行为模式的项目无疑为我们提供了卓越实践的现实案例。

（4）基于云计算的云服务平台。云计算或者云服务无疑是当前以及未来很长一段时间的技术前沿和热点问题。“云服务”是一个涵盖性的术语，是指通过因特网提供软件及各种计算资源的服务，云服务与传统的软件或者产品最显著的区别是，产品或者软件一旦购买可以永久使用，而云服务是按照使用量或者订阅量来收费的。当前教育中的教育云层出不穷，然而，很多教育云与传统的在线教育平台服务并没有很大的差异。也许 Goingon 公司的 CTO Taneli Otala 给未来的教育云平台指明了方向，他认为：“互联网教育真正的未来是一种知识的学习分析和共享过程。未来的教育系统将更加简单、更加智能。……无论你是一个想要找数学辅导老师的学生，还是一个想在跨学科领域寻找助手的研究人员，新型的教育社交平台只要通过你的‘知识云’，就能帮你找到想要的资源。这才是开放教育资源的真正未来，而不是在数据库中简单地存储一些内容。”

3.教学支持服务的构建

迅速发展的信息技术给教育带来了新的挑战和机遇，以计算机为媒介的各种教学手段、教学形式、教育理论不断涌现，将技术融入教学尤其是在线教育的异军崛起成为高等教育面临的时代挑战。然而，通过各种培训掌握一系列的操作技巧或者技术能力的教师并不一定能确保技术能正确地应用于教学，究其原因是因为有效的技术应用需要完成从“教”到“学”的转变。在此过程中，教师成为学习资源的提供者，学习过程的指导者、服务者。然而，资源的提供是否满足了学生学习的需要，应该如何调整和分配资源，学习过程的指导是否切中学生学习中的障碍和困惑，教师提供的学习服务能够满足学生自主学习、研究性学习、团队学习的需要，教师如何针对学生学习中出现的问题，提供正确的引导和及时的帮助，这些问题都成为在线教育必须回答的现实问题。因此，必须制定广泛的培训项目、提供合适的技术支撑来协助教师将技术应用于教学，并由此在全球范围内形成了一个推动大学教师发展、建立教学支持服务体系的热潮。

二、信息技术推动下学习内容、方式以及师生关系的深刻变革

全球化、数字化时代的到来引起了学校、教育、教学及教育者、学习者相互关系的深刻变革。在信息技术构建的环境支撑下，在线教育的崛起不断促进学校和教育的深刻变革，而信息技术对于学习内容、学习方式及师生关系的变革推动力也逐渐显现。

（一）学习内容与方式的多元化趋势与挑战

随着全球化的发展，国与国的边界变得更加模糊，我们工作、协作和交流的方式也在不断演进。由于信息技术手段和工具的日益普及，虚拟世界中的协作经历，大型多人在线游戏以及开放内容获取等新形式逐渐显现。学习者和学者之间的联系也逐渐增加，网络协作空间、社会网络工具、移动技术、Skype 以及由此带来的国际学生的项目合

作或者跨校课程越来越普遍。

自麻省理工学院网络课件开放工程（OCW）项目开展以来，利用数字媒体技术促进教育资源全球共享成为一种新的方向和趋势。2005 年成立的 CW 联盟使全世界 200 多个高等教育机构参与进来，进一步促进了全世界大学在课程资源共建、共享方面的合作。随后，开放获取运动势不可挡，成为促进科研信息交流、沟通学界与大众的有效途径。2010 年，网易、新浪等公司开设的公开课项目更是搅动了高等教育的“一池春水”“不爱逃课爱淘课”不仅在学生之间广为流传，并广泛引起社会各阶层的关注和喜爱。

以云计算为基础的互联网技术的发展使我们对 IT 支撑的观念在逐渐失去。云计算的应用和服务不仅改变了我们认识和使用软件和文件存储，而且改变了我们对其功能的理解。对教育应用而言，云计算无疑可以大大降低信息化教学的成本，只要计算机能够接入互联网，学习者就可以利用网络浏览器完成文档、幻灯片、数据表、邮件、图片等处理，而且不需要分别购买和安装不同的软件包。在此环境中，我们的资源存储在哪里并不重要，重要的是无论我们在哪里或者我们选择使用何种设备都能获取我们需要的信息。与独立的硬件设备相比，我们越来越习惯了使用基于浏览器的软件。虽然诸如隐私和控制的挑战仍然存在，但是，大量费用的节省是寻求此类问题解决方案的重要推动力。而移动技术的创新发展将互联网的资源装入了我们的口袋，移动电话正受益于技术创新和技术驱动的竞争，硬件和不断扩展的软件新功能正在将移动电话变成一种价格低廉的大众化终端工具。移动技术的应用将继续影响我们传统的通话和信息的沟通方式。影响我们对云计算和互联资源认识以及对这些资源的获取方式。就教育应用而言，学生中移动电话的普及将使它成为发送教学资源和开展学习活动的天然选择。触摸屏技术、照相机、录音笔、电子词典、3D 显示，以及适合手机传输的教育内容不断丰富、质量不断提升，使得移动技术在教育领域发掘资源、练习技能和获取研究数据等方面具有广泛的应用前景。

随着信息技术的不断发展和应用，视觉化工具的出现使信息的呈现更有利于深入事物的本质。这些技术在教育教学中的应用日益普遍，视觉素养日益成为学习者需要掌握的重要技能。而当前的年轻一代普遍具有在线游戏的经历并希望将游戏作为学习工具。这些在线游戏为参与者提供大量的群组内社会性交互和个体参与的机会。基于游戏的学习策略要归功于倡导积极参与、使参与者始终处于交互体验的中心。这在某种程度上反映出当前的教育方法和策略并不能使学习者充分参与到学习活动进程中。

Web2.0 以及社会网络等技术的进步，使虚拟世界的协作成为潮流。虚拟社区及其协作成为推动教育群体发展交互和评价的新形式。虚拟世界中的协作结果是令人欣喜的，但是评估方需要在认识到这类活动的全部潜力之前做更多的工作。像协作工作的所有权以著作权等问题很难进行评价。社会性网络以及其他协作工具的进一步发展将不断为这类工作提供便利，交互的机会只会更多，教育群体面对的挑战是抓住这些机会并寻求有效的测量和评价学生进步的方式方法。

（二）“原住民”与“移民”：信息时代的教学困境

美国教育与学习研究领域的知名学者和游戏化学习的倡导及推动者 Marc Prensky 认为，无论是“网络世代”还是“数字世代”这样的称呼都难以对今天的青少年群体进行准确的描述和界定，于是在 2001 年提出了“数字原住民”（Digital Natives，有学者将其翻译为数字原生代或数字土著）和“数字移民”（Digital Immigrants）这一对术语。与过去的“网络世代”或“数字世代”相比，“数字原住民”特指在21世纪的数字环境中成长起来的青少年。

马克·普林斯基（Marc Prensky）认为，当今青少年全部生活都被电脑、游戏、数字音乐播放器、摄影机、手机及其他数字时代的玩具和工具所包围，并无时无刻不在使用它们，电脑游戏、电子邮件、因特网、手机和即时通讯（QQ或MSN）等已成为他们生活不可或缺的重要组成部分，这些学生已成为了真正的“数字原住民”。由于其生活环境和生活方式（数字化世界）的不同，他们不但在着装、理语、饰品及行事风格上与他们的长辈大相径庭，而且其信息处理过程、思维模式和学习方式等已经发生了根本性的改变。相比较而言，他们的教育者则是一群“数字移民”，教师们正在说着过时的语言（前数字化时代的语言），吃力地教育着说着全新“语言”的下一代。

与“数字移民”相比，“数字原住民”出生和成长在无处不在的数字技术环境之中，他们能够更加快速地接收信息，喜欢并行处理信息和多通道工作，与文本相比他们更倾向于先看图像，他们喜欢以超文本的方式随机获取信息，与网络相连是他们最好的学习（工作）状态。他们常常沉溺于即时的满足和不断的回报，他们喜欢游戏更胜于“一本正经”地工作。与之相反的是，作为“数字移民”的教师们则往往喜欢慢慢地、按部就班地、一步一步地、独自地、“一本正经”地工作。他们看不惯（并且怀疑）那些“数字原住民”们边看电视（或边听音乐）边写作业，因为他们自己无法做到。他们并不认为学习是一件好玩的事情，并且也不应该是一件好玩的事情。作为“数字移民”的教师们还认为作为学习者的“数字原住民”与他们并无二致，“数字移民”们曾经适应和接受的教学方式对于今天的“数字原住民”同样适用。因此，教师们还在自己的课堂上天经地义地沿用着讲授、一步步的逻辑推演及传统的测验方式。既然“数字原住民”和“数字移界”之间的差异是显著的，那么谁应该适应谁呢？Marc Prensky 认为，让这些在数字技术环境中成长起来的“数字原住民”回到过去是不可能的，教育者必须主动缩短二者之间的鸿沟，必须改变现行的教育内容和方法!

此外，信息技术所推动的社会性软件的迅速发展导致非正式学习成为一种常态。学生可以在 4A（Anyone，Anywhere，Anytime and Anything）环境中获取所需的教育内容。越来越多的学习正在通过非正式学习的方式发生，这使得判断学习活动是否发生、学习的效果及其有效程度变得更加困难。与此同时，协作学习也正在推动教育群体开发新形式的交互和评价。如何通过正式的评估和测量来证明学习行为的发生和学习的效果成为一种新的挑战。因此，学习机构希望收集、管理、分类和重用这些不断增长的、数量庞大的、与学习活动有关的数据，因为这些过程性数据不仅与学习是否发生相关，而且与整个学习活动进程相关。正基于此，学生信息系统的数据收集和数据挖掘正在成为教育认证和鉴定工作的重要组成部分。然而，目前面临的挑战是，已有的学习信息系统还不能按照大家理想和需要的方式来管理和解释实时产生的学生活动信息，以确定学习行为是否发生以及学习活动的效果。

总之，在信息技术迅猛发展的推动下，高等教育中的大学、课堂、教学、课程、学习、教学及师生关系都发生了深刻的变革，而对于这些变革所产生的机遇和挑战，是所有高等教育管理者、实践者和研究者所共同关注的重要议题。而对信息时代的高等教育所面临的种种机遇和挑战，如何通过对教师教学和学生学习提供支持和服务，进而提升教育教学质量，促进高等教育卓越和创新成为现实挑战。

三、学习科学：信息时代大学教学创新发展的理论基石

自20世纪80年代末以来，为更好地促进学生的学习，认知科学家和计算机科学家开始联合探索人工智能技术的教育应用。随后的1991年，美国西北大学在原有的学习科学研究所的基础上，将计算机科学、教育学、心理学、信息科学、传播学等的学科专家联合起来，创建了世界上第一个学习科学专业。1999年，美国学习科学发展委员会发布了题为《人是如何学习的：大脑、心理、经验与学校》的研究报告，第一次从学习者与学习、教师与教学两方面阐释了学习科学对教育的价值。时至今日，学习科学已经成为当今国际教育学界最具活力的研究领域和教育革新的重要推动力，影响着课堂教学、校外教育学习产品设计、学习组织设计、教师教育职业培训等一系列诸多方面的变革与创新。在此过程中，学习科学组织的形成及其理论研究进展为教学支持服务在信息时代的功能拓展提供了坚实的理论支撑和方法论指导。

（一）建构主义的认识论基础溯源

尽管建构主义发端于20世纪80年代末，但是，追溯建构主义的理论根源可以发现，建构主义可以追溯至18世纪初维柯对西方哲学传统的知识论不满。随后皮亚杰通过对“结构”和“发生”的心理学研究，逐渐奠定了建构主义的理论基础。从本质上说，建构主义是一种认识论，关于人类认识的方式、知识结果等的理论，因此，教育中的建构主义成为一种关于学习或意义建构的理论，这种理论提供了对知识本质的一种解释。尽管建构主义也同样有不同的类型，比如，激进建构主义、社会建构主义、社会建构论、情境建构主义等不一而足，

但是，它们基本的认识论基础与学习论的主张却是基本一致的。

维柯在《新科学》一书中说，客观世界是不可知的，而社会是可以认识的。其缘由在于人是通过自己的感觉经验认识事物并推测事物，因此，人把自己的经验作为一切事物的标准，正是关于客观事物“不可知论”的观点，奠定了激进建构主义的认识论原则。

18 世纪伟大的德国古典哲学家康德在对经验论和唯理论对真理性知识来源问题的批判，构建起知性中“范畴”的概念。康德认为，智力型的知识既不单纯是经验（外源的）的，也不单纯是唯理的（内源的），而是通过认识主体的人的“先天综合判断能力”对后天的经验综合而获得。而对于“先天综合判断能力”如何获得的追问则最终诞生了皮亚杰的“发生认识论”。

皮亚杰最早使用“建构主义”这个名词来说明“人的思维结构的发展建构”。其主要的贡献在于揭示了人的认知结构是如何发生的，知识是如何被个体整合的。皮亚杰认为，人类认识的中介或“图式”起源于活动。他通过构建“同化”和“顺应”的概念，描述了认知图式是在有机体与环境不断双向建构的过程中生成和发展的。因此，他认为，主体所完成的知识建构都是基于已有的内部条件。正由于此，人类对客观的认识是一个不断接近的过程，而永远无法达到客观实在。

与皮亚杰的认识不同，俄罗斯心理学家维果茨基认为，“人类的认识是以文化为中介的。其依据是，人的心理过程的结构变化是以语言等工具为中介的，而言语思维并不是天生的、自然的行为，而是由历史文化的过程决定的。因此，他提出了人类所有的心理机能都是产生于人的协同活动和人与人的交往之中，并由此奠定了社会建构主义的理论基石。

综上所述，尽管各种类型的观点所构建的建构主义的基石不同，但建构主义认识论的认识论是一致的。而且都强调人在认识中的能动性，强调知识的获得是以个体的先前结构的存在为条件，尤为重要的是，都主张知识是主体基于自身的经验或者一定的理论基础对客观事物的认识和建构的结果。正由于此，构建了建构主义学习理论的基本主张。

（二）建构主义的学习观

1.有意义的学习是有意图的学习者主动参与的活动

正如尚克（Schank）所说，所有的人类行为都是以目标为导向的。只有当学习者明确自己的目标、意义和价值时，他们才能真正地去思考、学习更多的知识以达到该目标。而不是被动地接受式地去达到外在的要求。因此，应鼓励学习者提出问题、解决问题、实现学习过程的自我控制，学会制定学习目标、使用学习策略并实现对学习结果的评价和反思，也只有不断批判性地学习，学习者才能更好地理解和运用在情境中建构起来的知识。

2.有意义的学习是在真实情景中的心智模型建构

在传统的教学中，为了便于知识的传递，我们往往将知识、理念从真实的自然情景中分离出来。“知识与真实相分离，世界也变成了可靠的、简单的”，而只有镶嵌在真实境脉中的学习才能让学生更加连贯地将知识迁移到新的情境中去。因此，我们需要在真实的、有用的情境中教授知识和技能，并不断地让学习者把新经验和先前的知识整合起来，学习者才能构建用于解释世界的心智模型。随着经验的增长，学生的心智模型才能逐渐地变地复杂，他们也才能对观察到的现象进行更贴切和更丰富的推理，这样的学习才能变地更加地有意义。因此，我们既要让学生解决简单的、结构良好的问题，同时也要让他们接触复杂的、结构不良的问题。

3.有意义的学习是合作式、对话式的学习

建构主义则认为："只有当儿童同环境中的人们及其同伴相互作用时，学习才能起作用而激起各种各样的内部发展过程。"只有在群体的共同参与下，学习者通过共同协商给出任务或者一致性的理解，在这个过程中，学习者尝试着构建并表达意义的语言，通过加入对话，联合和批判性地审视别人的观点进行学习，在对话的过程中，学习者认识到看待世界的不同方式，解决问题的不同方法。这是传统的教室学习所不能达到的，也在一定程度上成为个体学习获得反馈和修正的一种必要的补充方式。

（三）建构主义教学观解读

对于建构主义的教学观，有众多的研究者给出了不同的解释。如达布斯（Dubs）构建的建构主义原则，迈克斯纳（Meixner）概括的教学原则，谢应宽在《建构主义教学理论与教学原则体系构建》一文中也概括了四条教学原则。总的来说，这些原则体现在以下几个基本方面。

1.主体性原则

在传统的学习理论中，学生是消极被动地接受知识，而建构主义则认为，学习是一个积极主动的建构过程，因此，教师和学生在教学过程中的角色不再是"教"与"学"的关系，应该是互为主体的存在，体现为"主体间性"。也就是说，教师的主体性不再以学生的客体化为条件，两者都为教学过程的主体，学生与学生之间则同为协同合作构建的主体。因此，教师在教学过程中，首先应该建立起平等、民主的师生关系和课堂文化，在教学过程中鼓励学生提出不同的观点和见解，并善于发现学生出现的错误，借此促进学生更有意义的学习和心智模型的构建。其次，在教学目标和内容的选择上，教师应根据学生原有的经验或认知水平设定“最近发展区”的合理目标。由于建构主义者认为，只有学习者意识到自己的目标，并且期望实现这个目标时，有意义的学习才能发生，因此，教师应让学习者积极地参与目标或者子目标的建立。最后，在学习方法上，教师应根据教学情境和内容，允许学生自主地、创造性地选择适合自己的方法，主动与教师、同学协作，以实现更有意义的学习。

2.因材施教原则

建构主义者强调，学习是基于先前知识的意义建构，因此，在教学过程中，必须按照学生的个性化差异，给予不同的教学支持，以促进学生个性化的发展。因此，教师必须首先认识到客观世界的复杂性和多样性，每个人基于自己先前经验的认识和理解在一定程度上都具有合理性，而且，也必须承认在教学过程中，师生之间、学生之间的认知水平和层次以及方式的客观差异的存在。这就要求教师针对不同的学生的不同特点，根据学生的需要和兴趣，促进学习者在原有基础上最大限度的发展。其次，个性化的因材施教势必要求教师改变传统的班级授课的制度，因为“采用班级授课制后，一面把越来越多的‘人’吸收到教育过程中来，一面反而更无视各个教育对象的存在”。但是，现实情况是我们不可能无限制地去实行小型化和个别化的教学，这就要求教师重视集体学习环境和学习共同体的建设。通过师生之间、生生之间的协作学习，鼓励学生在交往中获得更有意义的学习。最后，鼓励学生运用计算机、互联网技术，获取更大程度上的学习资源，建立更大范围的学习共同体，这在一定程度上也可以解决教师在时间上的不足，同时，也可以借助网络技术手段，如电子邮件、在线社区、在线语音视频等实现随时随地的个性化指导。

3.情境化原则

建构主义者认为，传统的教育是在简单的、良构的情境下给学生传递知识，而事实上，我们大多数是在复杂的、劣构的真实情境中去应用知识。因此，这就要求在教学过程中，应该将知识的学习和问题的解决置于复杂的、“真实”的情境中。师生在真实的境脉中运用所学的知识去发现问题、合作探究、最终解决问题。因此，教师应当创设与教学目标、教学内容相匹配的教学情境。对此，冯·格拉塞斯菲尔德提出了如下的设计依据：教学情境的设置是否建立在其先前的经验基础上；教学情境是否是真实的具有挑战性的情境，是否处于学生的“最近发展区”；教师自身也是教学情境的重要组成部分，应与学生协商一致，让学生自我管理和自我控制，教师的角色为学习的指导者和促进者；在教学过程中，让学习者拥有成功解决问题的“高峰体验”；建立宽容的教学环境，鼓励冒险，教师要善于从学生的错误中提出促进学生有效学习和理想发展的新方案。

4.过程性、参与性评价原则

建构主义者认为，评价应该是即时性的、情境性的，评价是为了诊断学习过程中的问题，检查学生学习的进步。因此，布鲁克斯等认为“评价不应该作为这样一种有效绩效的工具：不是使一些学生获得自我良好的感觉，而是另一些人被迫放弃”。所以，教学评价应该是贯穿学习全过程的诊断性的评价，而且应该依据不同的情境，采用多元的、个性化的评价标准，评价应是引导学生建构新的理解，获得新技能的方法和手段。此外，参与性原则是指要重视学生的自我评价，学生应该成为教学评价的参与者，这种参与对于学生反思能力的提升、学习策略的改进、更高级别的学习、更深层次的知识理解和建构都具有重要意义。

第二节 应对与回应：呼唤信息时代的大学教学支持服务体系

在世界经济一体化和全球化的推动下高等教育国际化不断向前发展，面对世界经济、政治、信息技术以及诸如产业调整及职业变迁等外部因素的强大影响，信息时代的高等教育仍然面临众多矛盾与挑战。为解决诸如高等教育规模扩张与入学机会均等问题、财政紧缩状态下的生均经费严重短缺、学生的多元化与教育的一元化、信息技术推动下的教学困境等等，一系列的政策报告的出台在为信息时代的高等教育创新发展奠定坚实基础的同时，也在不断呼唤构建信息时代的大学教学支持服务体系。

一、“教学学术”理念推动下大学教学支持服务的新视野

面对本科生教育质量不断下滑的现状，人们开始反思：为什么我们投入了大笔的经费，教育质量却始终没有大的提升，当学生越来越关心学校是否把重点放在教学上，教师自身却并没有将教学放在一个重要的位置，其根源究竟在哪里？也许我们需要思考的“最关键的问题是教授们进行什么活动最容易受到褒奖”，而针对这个问题的回答，1990 年卡内基基金会发布了一篇题为《学术重思：教授工作的重点》的报告，在报告中，将大学教学的地位上升到学术层面加以探讨，对推动大学教学理论的研究和实践创新，对教学支持服务的功能定位起到了非常关键的引领作用，并引发了全世界范围内轰轰烈烈的“教学学术运动”。

为解决高校中教授工作范围日益狭窄的倾向，报告的起草者博耶认为，只有对学术水平进行更全面和更有活力的理解，才能使学术工作的全面内容合法化。因此，博耶将学术水平分为四个不同而又相互重叠的功能，即探究的学术、整合的学术、应用的学术和教学的学术。

（1）探究的学术。博耶认为，研究人员的探究精神是学术界和全世界的无价之宝，也是各种生活的核心，正是这种精神所带来的智力上的激情为教师队伍增加了活力，是学术生命的心脏。

（2）整合的学术。博耶认为，这是学术的另外一种形式，致力于建立各个学科间的联系。由于开创性的研究往往发生在“相邻学科的交叉地带”。因此，应当将这一长期处于学术生活边缘的跨学科的综合的研究视为同探究一样的学术。

（3）应用的学术。博耶认为，探究和整合的学术体现了知识的发现和综合，应用的学术是知识的运用和参与式的发展。通过知识的应用不仅可以在不同学科之间架起沟通的桥梁，也能将理论的研究同现实的实践相联系。

（4）教学的学术。博耶认为，教学是一个能动的过程，需要通过各种类推、比喻等来建立起学生学习和教师理解之间的桥梁，因此，教师既是学者又是学生。博耶认为“最好的教学不仅传授知识，同时也改造知识和扩展知识……通过学生的评论和提出的问题，教授的自身也将被推向新的创造性的方向”。因此，博耶将传播知识的学术称为教学的学术（Scholarship of Teaching）。

尽管博耶教学学术概念的提出主要针对当时美国高等教育领域中“重科研、轻教学”的严重异化倾向，其意义和价值更多的在于将教学工作提升到和科研具有一样重要的地位，并支持和鼓励教师把教学当作科研来做，但却在事实上引发了大学教师对教学理念的重新思考，给教学研究和教学改革提供了理论支持，并为大学教学支持服务机构的功能提出了新的要求。

（一）教学活动性质转变下的教师角色变化

当教学成为学术，教学活动自身也从简单的知识传递活动转变为复杂的具有丰富内涵的学术领域，这给大学教师赋予了进一步探究教学活动、提升教学质量的责任和权利。正如舒尔曼所认为的那样，“将教学视为学术的一种，就要不仅仅将教学作为一种活动，更重要的在于将教学作为一种探索的过程”。在此过程中，教师成为教学的研究者，教师可以根据自己的教育信念、经验和个人知识，全身心地融入到教学的创造性的探索之中，教师也因此从单一的知识的传授者转变为知识的研究者、传授者和学习者，从单一的被动地按照外部教学政策的执行者，转变为教学政策、教学制度、教学目标、教学内容、教学方法、教学评价等整个“教”与“学”环节的研究者和实施者。从实践中提出研究问题，将理论研究应用于实践，并不断地修正和总结提升，这种理论与实践紧密相联系的生动活泼的教学学术，不仅为教师从事教学研究、进行教学改革和创新提供了强大的理论支持，也为大学教学质量的提升指明了方向和路径。

（二）教学学术视角下教师教学研究支持服务功能分析

一旦教学活动具有学术性，那么教学实践中的教师则将逐渐通过教学过程中积累的经验，在不断反思和总结教学全过程的基础上缓慢成长为个体教学专家。在此过程中，教学活动成为一个有着学术探究与学术实践目的的实践行动，而其中的教学实践活动的核心则围绕知识展开。莱斯（Rice）认为，教学学术是基于如下三种知识形式的生成和应用：①概要性知识（synoptic capacity and knowledge）——类似于舒尔曼所说的伪容知识或学科内容领域中的学术；②教学法知识（pedagogical knowledge）——类似于舒尔曼所说的“正式的教育学问”，特别是有关教与学的学问；③教学内容知识（pedagogical content knowledge）—内容与教学法的融合，“以推动人们如下方面的理解，即如何组织、表征特定的主题、问题，以适应学习者的兴趣和能力差异，并呈现于教学”。因此，教学内容知识是有效“教”与“学”的知识基础，教师组织教学内容、选择教学内容呈现方式、教学内容知识的传递方法和推进教学进度、实施教学评价的过程就形成了教学学术的发展过程。正由于此，如何加速教师教学法知识的形成和增长，教师如何实现内容与教学法的融合，掌握教学内容知识成为推动教学支持服务功能扩展的实践驱动力。

在教师教学学术能力的培养过程中，教师成为教学实践的行动研究者，如何辅助教师进行行动研究，帮助教师针对特定的教学问题和教学内容，采用合适的教学方法和教学媒体工具传递和展示教学内容以促进学生的理解，并最终提升学习的成效；在这个过程中，教师自身如何通过对教学过程的干预和不断地循环反思与研究，修正、扩充和完善自己的学习和教学设计的理论，以行动研究产生的理论和实践成果不断推动教师教学学术能力的提升，都为教学支持服务机构功能的扩展提出了新的要求。

（三）教学学术视角下大学教学支持服务的制度保障

教学学术的提出凸显了教师教学的学术性内涵，将教学视为学术活动的重要组成部分，因此，教学质量的高低成为学术水平高低的重要指标，对重塑当前“唯科研马首是瞻”的晋升、奖励制度提出了新的要求，将科研和教学紧密地联系在一起，不仅鼓励教师探索本学科、本专业的前沿知识，同时将知识进行综合化，以最容易理解和接收的方式，将学生带入高深知识的殿堂，提升人才培养质量，此二者的结合才能完整、全面的对教师的隐蕴进行完整的展现和表达。

在此教程中，要落实教师的专业发展制度，推进教学支持服务机构功能的常态化，通过组织研讨会、座谈会、同行评价、教学反思等活动推进教师教学内容知识与教学法知识的增进，在大学构建重视教学、研究教学的学术氛围。同时，还要体现实践化，具体问题具体分析，这就要求教学支持服务机构的人员不能仅仅停留在大会报告、全员培训等形式，还要深入具体学科、具体课程，把教育专家、教学设计专家、教育技术专家带入教师具体课程具体内容的组织、展现过程中，运用设计研究法等多种理论，不断推动教学支持服务活动的深入开展。

二、促进教学创新：信息时代大学教学支持服务体系的新使命

随着全球经济的一体化发展，社会各阶层对高等教育的需求将持续增长，高等教育应该为民众提供更多的学习机会，为广大民众的终身学习提供各种社会保障。而面对高等教育日益严峻的财政危机和质量下滑的现状，英国高等教育咨询委员会于 1997 年发布了题为《学习型社会中的高等教育英国高等教育咨询委员会》（*Q-Iigher education in LearningSociety：The National Committee of Inquiry into Higher Education*）的报告，由于该报告由诺丁汉大学校长罗纳德·迪尔英（Ronald bearing）领衔，又被称为《迪尔英报告》。该报告通过 14 个分报告，针对当前面临的高等教育危机提出了 93 项关于高等教育改革的建议。

为解决日益严峻的大学财政危机，该报告中明确了建立高等教育经费筹措的新机制：“政府要进一步加大对高等教育的投入，大学拨

款的增长比例要与 GDP 的增长比例相协调；政府成立工业合作发展基金，以吸引工业部门对高等教育的经费资助；按照受益者分担教育成本的原则，于 1998 年开始向学生收取学费（1000 英镑/人/年）；通过立法、评估等手段调节经费走向，改变现有经费资助条件与项目管理方式；提高高等教育经费的使用效益。”为解决高等教育规模扩张所带来的教育质量下滑问题，报告主张通过高等教育质量保障局切实提升高等教育质量。该报告对新成立的高等教育质量保障局（The Quality Assurance Agency for Higher Education）的功能给予了明确的界定。

在该报告的强力推动下，英国政府领导下的多个基金理事会投入巨资用于提升高等教育教学与学习的质量。英格兰高等教育拨款委员会（Higher Education Funding Council for England，HEFCE）于 1999 年正式设立教学质量提升基金。该基金下设的教学质量进步奖（Teaching Quality Enhancement Funds，TQEF）先后投入 5 亿 2 千 5 百万英镑，用于支持学习与教学的发展。自 2000 年开始英国政府设立国家教学奖，以期通过对卓越教学的奖励激励教师和学习的促进者，在 2000-2003 年期间，每年奖励 20 项优秀个人，2004 年奖项增加到 50 个，在此过程中，有经验的教师、优秀的青年教师和学习支持的教师的积极性得到极大的提升。

2003 年 1 月 22 日，英国教育国务大臣查尔斯·克拉克（Charles Clarke）发表了题为《高等教育的未来》（*The Future of High Education*）的报告。该报告认为，大学要在增加困难学生补助以及通过给予高等院校充分的自治权利和资源的两点改革基础上，不断促进知识向财富的转化。同时，更重要的是，在意识到高等教育机构中的尊重和奖励系统往往倾向于研究的卓越而不是教学之后，为了提高教学地位，推动优秀教学经验的传播，推动那些为学生提供优质教学服务的部门的发展，该报告明确地在第四部分对教学改革提出要求：“增加专门拨款用于教学信息化；奖励优秀教师和学生；为学生提供更多的信息以便帮助他们做出最佳选择；建立教授晋升评选资格的新标准；建立专门提升教学质量的国家机构——教学质量学会。”

为了响应英国教育和技术部在《高等教育的未来》（*The Future of Higher Education*）报告中明确阐明“构建卓越中心……以奖励部门层次的优秀教学以及提升最佳实践”。2003 年 7 月，英格兰高等教育拨款委员会出台卓越教学与学习中心项目（Centers of Excellence in Teaching and Learning Programme，CETLs）正式协商报告。该报告邀请高等教育机构和继续教育学院共同致力于建立 CETLs 的倡议。2004 年正式发布 CETLs 招标邀请书，经过评议委员会的最终决议，2005 年高等教育拨款委员会建立了 74 个卓越教学与学习中心，分别由 54 个高校牵头成立，其中 16 个中心采用联合共建的方式，包括继续教育学院在内的 25 个机构成为中心的合作伙伴，中心地理分布覆盖所有的英语区域，学科分布覆盖所有的主要学科领域。CETLs 项目的建立和发展在世界范围内产生了极为广泛的影响，日益受到高等教育决策者、教学支持服务机构的管理者以及研究者的关注。

尽管卓越教学与学习中心项目的最初设计是奖励教学的卓越，但中心的主要目标还包括创新学习和教学的方式，以期通过该中心的研究与实践既能支持所在高校的教师教学和学生学习，又能推动更大范围内的经验共享。该项目希望中心能够对设计和开发教学方式有深入的学术研究，并考虑如何进行更广泛的迁移；中心能够承担教育学方法的行动研究，使用资金来提升或其他技术的层次和水平、做创新或实验的节点或者同其他机构一同致力于教与学方式方法的延伸以使更多人受益。正如英国高等教育拨款委员会的学习和教学主管 Liz Beaty 的观点：卓越教学与学习中心倡议是高等教育基金委员会最大的单笔用来提升学习和教学的基金。它体现了我们对于促进高等教育卓越和创新的承诺，必将在整个高等教育范围内，促进学生的学习……这些中心的建立确保大量的投资直接用于优秀的教学和学习，以便为当前和未来的学生都能有卓越和有创造力的教师提供支撑，可以期待一个鼓舞人心的、有挑战性的和物有所值的学习经历。

自迪尔英报告肇始，英国高等教育构建起不断完善的质量保障体系，在国家层面，通过高等教育质量保障局强化高等教育机构对教学与学习给予更多的关注，并不断采取设立国家教学与学习基金的方式，推动卓越实践的经验传播和分享。在学科层面，构建起 24 个学科教学支持中心组建的全国性学习与教学支持网络（LearningandTeaching Support Network，LTSN），以支持不同学科的教学与学习，同时，通过巨大的资金投入为教学支持项目的开展提供了坚实的经费保障。2003 年发起的卓越教学与学习促进中心项目，更是通过国家层面构建的教学支持服务机构，在带动本校的教学质量提升的同时，在全国范围内实现了教学支持服务机构教学模式、教学方法、教学评价等卓越实践经验的共享。随着卓越教学与学习促进中心项目的不断发展，教学支持服务机构已经成为高等教育不可或缺的组成部分，在高等教育教学质量甚至大学战略规划中起到了重要的作用，成为信息时代教学支持服务构建的实践典范。

三、呼吁以学生为中心的学习支持服务体系建设

随着高等教育改革步伐的不断加快，学习的改革与创新越来越受到重视。教育部高教司原副司长王言根教授认为，学习改革是教学改革深化的内在需要，教学改革的重心应当从教的改革逐步转移到研究

学的改革，应当树立新的以学习改革为核心的教学改革观。本研究认为，学习改革创新的推进首先依赖于以下几个问题的解决。

（一）学生学习主体性地位的建立

建构主义学习观认为，学习主体性是学习者主动地根据自己的认知结构，选择相应的信息和知识，建构心智模型的过程。因此，有意义的学习需要完成两个“双向建构”，一方面，学习者需要主动建构对学习的意义和价值的认识，具有筛选信息的能力，从而超越外在的信息；另一方面，学习者心智模型的构建要基于原有的知识，从而对信息系的需要进行重新构建。在此过程中，学习者要积极主动地参与到学习的过程中，面对多样性的学习情境，根据先前经验对学习材料和信息进行个性化的加工。这一视角的转变将学习者的主体地位和作用提到了前所未有的高度，学习者的学习主体性成为引领学习理论和学习改革实践的根本性原则。

学习者的学习主体性建立之后，如何让学生学会学习，从而促进学生的全面发展成为首要问题。学会学习从根本上说是关于学习力地内涵的问题。迪夫在著作《学习力》一书中说：学习力就是学习动力、学习毅力和学习能力的总和，是人们获取知识、使用知识和创造知识的能力。学习动力的来源是对学习目标的意义和价值的认识和了解；学习毅力则来自于学习精神；学习能力取决于学习者的学习方法以及学习者的记忆力、阅读能力、判断力和创造力等。因此，从根本上来说，学习是不断强化自我意识、实现自我超越的过程，只有当学习者建立了学习的主体性地位，明确学习的意义和价值，才能更加积极主动地投入到学习中去。

（二）加强对学生学习的指导

罗道全副教授于 2010 年开展的一项调查研究结果显示，当前大学生能够认识到学习方法、学习自信度、心情、恒心和毅力对于学习效率的影响作用。但是，有 71%的人在学习方法上表示没有明确，系统的学习方法，有 60%的人甚少进行自我肯定和自我激励以提升学习效率。这些数据充分显示学生在具体的学习过程中带有很大的盲目性和自发性，加强对学生的学习指导已经成为刻不容缓的现实挑战。

美国学者菲尔斯特认为，学习指导致力于改善学生的学习技能和方法；帮助学生提升人际交往能力；规划学习进程；探究职业选择。美国大学测试项目的专家则认为，学习指导是指导者通过与学生交流，帮助学生发现和提升自己的教育潜能，明确人生或职业目标，实现自己的发展规划。我国学者屈林岩教授认为，我国大学的学习指导应该不仅仅是一般意义上的学习方法的指导，而是包括学习观念、目标、内容、方式、手段和学习心理等内容的全方位、全过程的系统学习指导；也不仅仅是学习指导，而是学习创新指导。因此，教育部高等教育司于 1998 年出版了《学会学习》的大学生读本，随后又编写了《学会学习——大学生学习引论》的学习指导教材，该教材包括推动大学生学习观念的变革、学习风格、学习策略以及自学方法和学习评价等内容。目前成为普通高等教育精品教材，在全国 200 余所高校使用。

除了使用教材以及通过课程学习的方式提升学生的学习观念、目标、方式方法等素养的提升外，国内外众多高校还纷纷建立了学习指导中心。如澳大利亚的悉尼大学设有专门的学习指导中心用于帮助学生解决学习、心理和生活上的困难。帮助学生制定学习规划、解决学习中的一些困难，开展学习讲座，提供学习的咨询。此外，利用网络提供学习资源、进行教学交流、课外辅导和答疑也成为利用信息技术构筑学生学习支持指导的一项重要功能。

（三）学习过程中的质量保障

2011 年，教育部发布了 39 所“985 工程”大学本科教育教学质量的报告引起了巨大的社会反响。在众多的批判声音中，对高等教育质量评价过程中学生视角的缺失成为最突出的问题。对于评价方式的不满以及学生学习过程质量评估的不足成为实践者和研究者无法回避的现实问题。通常来说，高等教育质量保障有三套系统，第一套高校层次而言主要是高等教育内部和外部的质量保障系统，其关注点在于高校、政府和市场在质量保障中的作用；第二套是高等教育问责系统，关注教育的绩效、质量保障的透明度等；第三套则是对于教育教学过程中的输入和输出的质量保障系统。在上述三种质量保障系统中，教育教学过程的质量保障最能体现出资源的输入、对于学生学习的影响，以及最终输出结果对影响因素。在输入和输出的过程中，学习过程构成了最重要的中间环节，对输入和输出系统起到承上启下的作用。

当前对学习过程的质量保障往往通过调查大学生的学习状况，包括学习目的、态度、方法、策略以及自我评价和教学评价等方面，获得的结果用以提出教学层面的改进措施和意见。另外一类就是对学生满意度的调查，这种调查研究将教育服务看作商品，测量大学对学生需求的满意程度，借此改进教学行为。然而，这两种方式显然既有其合理性，又有为了实现学生的满意，迎合学生需求，降低学术标准等现象的发生，并由此导致学术水平和学习质量的下滑，出现教育的“二律背反”，即学生对高校教育教学满意度提高的同时，高等教育的教育质量却在不断下滑。因此，如何实现对教学过程和学生学习过程的监督和保障，及时发现学生学习中遇到的问题，提供有针对性的建议和对策，成为当前促进学生学习效能提升，进而推动学生全面发展的难题之一。

（四）关注学生发展与成长的学习评价

对于学生学习评价的考察发现，最早可以追溯至美国心理学家泰勒对人的研究，该研究改变了传统教育评价方式中教育测量的心理测验方式，进入以教育目标为核心的教育评价阶段。随后布鲁姆在泰勒的基础上提出了教育目标分析系统，进而提出了单元教学方法，再一次地推动了教育评价的发展。进入 20 世纪 70 年代以来，随着多元智能理论、建构主义理论等的发展，教育评价日渐多元化。目前来看，按价值取向的分类可以分为目标取向、过程取向和发展性取向的评价；从评价者分类可以分为自我评价和他人评价；按功能可分为诊断性评价、形成性评价和终结性评价，这也是当前教育评价中最为常见的分类。诊断性评价往往是教学开始之前，对学生的学习准备情况进行前测，以便有针对性地采取相应措施进行教学准备和教学活动。形成性评价和终结性评价最早出现于 1967 年，美国西密歇根大学的斯克瑞文教授对“形成性”与“终结性”的课程评价进行了第一次区分。随后，布鲁姆等人进一步扩展了课堂评价。总的来看，形成性评价是对教学设计进行改进的评价，终结性评价是由外部人员实施的进行评价结果鉴定的一种成果评价方式。显然，这两种评价方式的实施主要是以教师为主体实施的以学习课程单元或者学期为时间跨度进行的评价。在此过程中，主要是通过实施测验和作品等成果作为线索来把握学生对知识和技能的理解和目标达成度。

因此，在传统的教学评价实施的过程中，首先教学评价的目的完全以知识和技能的学习和掌握为核心，学生通过大量重复性的“题海战术”进行知识的记忆和巩固，关注分数成为学习和考试的唯一要务。其次，教学评价过程严重地偏向于对教师“教学”效果的关注，对于学生“学习”的过程评价，学习者学习方法和反思的关注严重缺乏，导致学习者学习兴趣的降低。最后，传统的教学评价定位于对学生知识和技能的关注，而对学生的态度、个性、学习能力等态度情感类的关注严重缺乏。此外，教学评价采用统一的标准进行，而学生发展的多样性及个性差异等没有引起足够的重视，尤其对于问题产生的原因和如何改进的指导性和建设性的意见和建议不足成为最为严重的问题。正由于此，围绕学生发展，构建全方位、立体式、个性化的学习支持服务，利用和调动各种资源，弥补学生学习指导的不足，促进学生学习效能的提升将成为信息时代教学支持服务创新发展的必由之路。

四、构建信息时代大学教学支持服务体系应对技术革新的挑战

为迎接自20世纪90年代开始迅速崛起的技术革新给教育带来的机会，实现大规模的改进“教”与“学”质量的综合战略，美国政府出资 20 亿美元推动所有中、小学生使用电脑，并为整个计划每年开支达 100 亿~200 亿美元。由此掀起世界范围内教育技术行动规划的浪潮。英国于 1998 年发布《我们的信息时代》的政策宣言，以使学校所有的计算机现代化，为全国教师提供机会以更新他们的信息和通信技术技能。新加坡制定了《信息技术在教育中应用的规划》，为学校建立网络、开发软件以及教材和教师培训。日本则实施了“一百所中小学联网”的研究项目，探索全新的教学模式并通过网络使交互式学习成为可能的试验。

2000 年 12 月，美国国家教育技术计划推出题为《数字化学习——让所有的孩子随时都能得到世界一流的教育》的报告。该行动计划重新设定了国家教育技术目标：所有的学生和教师都能在教室、学校、

社区及家中使用信息技术；所有的教师都将有效地运用技术帮助学生达到较高的学业标准；所有的学生都要具备信息技术方面的知识与技能；通过研究与评估，促进下一代技术在教与学中的应用；通过数字化的内容和网络的应用改革“教”与“学”。对比第一版本的教育技术行动目标可以发现，在初步建立了完备的信息高速公路的基础上，如何利用信息技术提升教学与学习的效能成为问题的关键。在此报告的推动下，教师信息技术素养的提升，如何推动教师将技术应用于教学，如何开发数字化的学习资源和内容，如何为学生的在线学习和技术支持的学习提供服务成为大学教学支持服务的研究者和实践者迫切思考和回答的重大问题。

为了提高技术应用于教与学的利用率和多样性，美国教育理事会、教育与技术 CEO 论坛、教育技术米尔肯交流协会、国家 21 世纪数学与科学教学委员会及国家师范教育认证委员会共同起草了一份题为《教师进步计划》的报告。该报告认为应提供教师培训的机会，尤其是教师有效利用教育技术相关的培训。在此基础上，2000 年，美国国际教育技术协会（International Society for Technology in Education，ISTE）制定了《国家教师教育技术标准》（National Educational Technology Standards for Teacher, NETST）该标准规定了与技术有关的基本概念、知识、技能和态度等教师需要达到的标准和要求。随后，2005 年的 ISTE 年会上，面向教师的美国《国家教育技术标准》的第二版正式发布。与第一版不同的是，该版本将聚焦点拓展到教师如何促进学生有效学习和高校生活能力的提升，强调教师如何帮助学生成为高效的数字化学习者与数字化时代的公民。该标准的制定和实施，为大学教学支持服务机构提出了新的要求，具体体现在以下几个方面。

（一）从技术技能培训转向信息技术与课程整合的支持服务

在《数字化学习》的报告中认为应当为教学人员提供应用于教师培训课程的工具、激励措施和持续性的职业发展机会；鼓励各州拓展教师资格认证项目，包括将技术融入课程中。此外，还明确要求在教师职业培训中，要提高以技术为中心的各种活动的数量、质量和连贯性。尤为重要的是，报告中明确提出，高质量、全面的教学支持在协调教师把技术运用于教学中是很重要的，这些支持可能包括获得及时的个别化的培训和职业培训措施。其主要内容是支持教师把可获得的技术运用到教学中。因此，如何实现信息技术与课程的整合成为大学教学支持服务机构在实践中不断探索的研究命题，在该要求的推动下，教学支持服务机构突破了原有的以行政化手段进行培训的方式，将教育技术专家、教学论专家、教学设计专家从封闭的报告厅中推到了教师的教学过程中，通过他们对技术和教学问题的经验和研究，在大学教学的第一线，与教师一道发挥更加重要的作用。

（二）从传统单一的培训模式走向基于设计的合作研究模式

如果仅仅将教学支持服务机构定位于单一的培训机构，并提供相应的教育学知识以及媒体技术技能的培训，那么也许该机构将永远落后于下一代技术推动下的教学过程的应用。因此，在提高硬件、软件的可用性的基础上，寻求最佳的教学内容和载体，以何种方式不断修正实践中出现的偏误成为教学支持服务机构实践者必须面对的实践挑战。因此，教学支持服务机构必须承担起两项职能：一是筛选和开发数字化教学与学习资源，为教师的教学和学生的学习提供更优质的服务；二是数字化内容和网络的应用无疑对教学方法上的变革提供了工具、手段的支持，但是，如何选择这些资源，按照何种标准进行评估、如何使这些资源易于获取以及易于为教师和学生使用，成为教学支持服务工作者需要面对的问题之一。正如美国学校联合会教育技术计划主任利亚姆斯所说：学校必须使其工作与所有最前沿的课程开发以及新技术工具的传输保持同步。因此，如何利用教学支持服务机构人员自身的优势，与教师一起开展基于设计的合作研究，并将这些研究结果以更好的方式进行推广和传播，也成为信息时代大学教学支持服务机构面临的重大挑战。

（三）从单一的教学支持服务走向教学与学习支持服务

互联网技术的迅猛发展给学生提供了更多的数字化学习资源和信息，这些信息是教室中四面围墙内所能提供的数据量的几何次方。而学生对于技术有着天然的兴趣，他们通过网络组建各种学习者的“虚拟社区”，在来自世界各地的不同文化背景的学习者的帮助下，一起学习解决现实的问题及学习的困惑。网络学习共同体的出现改变了传统以教师为中心的课堂模式，取代以学生为中心的与现实实践紧密相连的学习模式，信息技术已超越时空的优势不断满足学生个体的学习需要。但是，如何更好地了解学生所处的困难、如何更精确地评估学生所掌握的内容、如何更好地满足学生个人需要的信息技术要求，教师在学生利用技术学习的过程中，如何加以正确的引导和支持，才能更加高效地利用各种资源提升学习的效能，成为教学支持服务机构所必须面临的又一大实践挑战。而在此过程中对学生学习的支持服务成为教学支持服务机构信息时代的重要内涵之一。

综上所述，进入信息时代的高等教育面临着众多的机遇与挑战，全球化与数字化所带来的时代转变，触及高等教育的每个角落，在此过程中，如何提升高等教育的人才培养质量成为全世界高等教育管理者、实践者和研究者关注的命题，教学学术运动的兴起再一次呼唤教学本位的回归，在此使命的召唤下，教学支持服务对于教师教学法及内容的支持功能得到了环境和制度的保障，在迅猛发展的信息技术面前，教学支持服务不再仅仅是传统的培训和咨询模式，而是整合专家和教师的力量，开展基于设计的研究，利用信息技术构建的支持环境，引领教师教学和学生学习的发展，成为信息时代教学支持服务的时代景观。

第二章 信息时代大学教学支持服务体系的功能与结构探究

第一节 “教师—院系—大学”三级教学支持服务体系促进教学创新

在全球化与数字化合流推动下的高等教育国际化推动教育市场和教育资源的优化配置，世界范围内人才、项目、机构的流动，促使教育目标、教育活动和教育内容的国际化。而与之相伴的人才流动的不均衡性、人才“文化认同”的缺失以及世界各国之间竞争的加剧和发展的不平衡，导致国家、社会对于高等教育的卓越与创新以及创新型人才培养的需要日趋强烈。在此过程中，教学支持服务机构不仅要通过提升教师教学效能，继续履行保障教育质量提升的重任，更重要的在于如何利用自身的机构特色和优势，推动教师教学水平提升，进而在支持院系、高校教育教学改革、推动创新型人才培养方面发挥更大的效能，由此完成从提升教学效能走向教学、学习效能提升与教学创新并重的历史性转型。

自教学支持服务机构出现至今已有六十年的历史，在这段漫长的岁月中，该机构在“推动教师和学生的课堂绩效方面起到了非常大的作用”。通过对教师提供集体培训和研讨服务，有效地提升了教师的教育理念、方法策略和技术；通过开展 Seminar，教学分析、咨询活动有效地解决了教师在教学过程中遇到的实践性问题；通过研究和收集来自提升学生学习的高效教学案例，该机构的工作人员可以帮助教师汲取他人的经验，融入自己的教学实践；通过和教师一起致力于收集学生的反馈，开发资源和提供实践建议，以满足不同学生的不同的学习需要。这些努力产生了积极的成效：学生能够接受更好的教学，教师也能更加清晰如何能够更好地提升自己，成为一名成功的教师。

与此相似的是，伴随着评价和评估策略的实施，也有助于教师理解和应用学习理论和教育方法的最佳实践。这也是诸如案例学习、角色扮演、实践练习、研讨、合作学习策略及基于问题的学习等教学方法日渐流行的原因所在。然而，无论是集体的培训还是研讨会的组织往往具有一定的强制性，这种强制性的存在则不利于调动教师的积极性，而且“这种培训内容往往缺乏实践针对性，也常常难以解决教师实际工作中遇到的困难”。McKeachie 认为，如何促进互动良好的，与学生使用学习策略、技巧、激励和自我调节相结合的教学实践，构建卓越教学以推动院系、大学层次的改革与发展成为教学支持服务类机构进一步深入发展的关键所在。

一、促进教师教学学术发展，推动教学模式创新研究

如前文所述，自教学学术理念提出后，全球范围内的高等教育掀起了开展教学研究的浪潮，尤其是美国各高校为了追求教学卓越，兴起了一股针对大学“教”与“学”的学术研究风潮。其核心理念是将“教”与“学”视为大学教师从事研究、创造新知识的对象，一方面提升“教”与“学”在大学中的地位，融入大学研究教学的文化；另一方面过公开、系统性的研究，改进“教”与“学”。在此过程中，教学支持服务机构在设立教学改进项目，推动教师开展教学研究，促进教师教学学术发展方面起到了重要作用。与之相伴随的是，大学教学的改革发展及教师发展培养方式发生了重大变革，教学支持服务机构的重要性得以进一步彰显。教学支持服务体系中教师培训的中心任务不再以集中培训教师的形式出现，而是以提供咨询、资源，教育专家与学科教师互动切磋，召开教学经验交流和教学研究大会等形式出现。同时，教育学专家、课程论专家、教育技术专家摆脱传统的培训方式，为学科教师提供个性化的支持和服务，在具体课程与教师协同

工作过程中，构建卓越教学的最佳实践，推动教学创新研究，成为信息时代教学支持服务机构的特色之一。

（一）以设计研究法为方法论指导，构建教育中技术应用的最佳实践

CCNMTL 作为哥伦比亚大学唯一的为教学、学习及研究实施创造新型工具的服务单位，为了更好地对教学和学习中技术的应用进行创新，CCNMTL 的专家一直致力于将前沿理论和技术应用于教育实践。多年的实践过程中，CCNMTL 一直着力将设计研究法视为支撑其进行探索、开发和应用数字技术来推动大学教育教学质量的提升的方法论。为解决长期以来技术应用在推动教育教学与学习质量提升上的种种困境，CCNMTL 创造性地将设计研究法引入对教师的教学技能尤其是媒体技术应用技能的养成过程中，构建教育中技术应用的最佳实践。设计研究法的研究目的包括建立理论、设计产品和改善实务三个层面，建立理论与设计产品是为了改善教学实务，帮助教师教学与提升学生的学习成效。为了让研究结果能有效解决实际教学问题、提升学习成效，并扩大研究的生态效度，设计研究法强调在实际教学环境中进行理论检验与产品测试的重要性。其研究焦点在于学生的学习过程。

在应用设计研究法的过程中，以实践中的问题为出发点，在理论的基础上设计产品，在实际的教学中以此产品协助教学，并分析学习成效，每一个分析结果都会修正既有的理论，并以此修改先前的产品设计。之后，再次检验产品在改善学习的成效，如此逐渐修正理论与产品。通过研究、开发、评价、修正的几个迭代周期，CCNMTL 同教师一起进行具体课程中技术创新性应用的实验，在此过程中产出结果可以不断对起初定义的教育目标进行评价和提炼，并由此生成各个

学科中使用新媒体进行教学和学习的高级知识。这种设计研究法真正融合了教学中所开发出来的数字技术应用的理论和实践。因此，CCNMTL 将此定义为“构建学习”（build to learn）。该过程反对将理论起点的教育研究与服务起点的技术支撑简单地对立分割，而是积极寻找将二者融合的研究和实践，其目标是构建有助于理解教育中技术应用的最佳实践。

在设计研究法为方法论的指导下，CCNMTL 密切同教师合作，共同进行课程设计实践与研讨、教学设计实践与研讨、技术应用设计实践与研讨等“问题—设计—应用—研讨—反馈—修正”的循环活动，帮助教师深刻理解技术应用于教学和学习的理论认识与实践技能的提升与推动，并在长期的实践过程中，积累和总结出大量可供模仿、借鉴、依循的最佳实践案例。

（二）使用新媒体技术，开展教学模式创新

CCNMTL 于 2006 年发起“三角形倡议”。三角形倡议的使命聚焦于教室中新媒体技术的应用，其长期目标是使用新媒体以改变教学模式，并对哥伦比亚大学的教学、科研及社会服务产生长期的影响。此外，CCNMTL 认为大学的存在不仅仅是教育学生、进行科研，它们还具有社会服务的功能。所以，该倡议致力于探索新媒体技术用以提升研究、教育和社会服务三大功能的应用途径，其目的是寻找数字技术在教育、科研和社会服务之间的平衡点。因此，三角形倡议中的项目必须同时聚焦于研究、教育和社会服务三个基本领域。比如，CCNMTL 同社会学院的研究者组成团队共同构建多媒体环境，以检验新媒体技术对于预防艾滋病项目的效力。该项目通过在线游戏、视频以及其他交互工具帮助使用者进入六个阶段的艾滋病预防项目。CCNMTL 制作原创视频帮助使用者学习和实践艾滋病预防项目中的

六个阶段。同时，他们通过创建网络系统不仅收集了大量的研究数据，而且使世界各地的人们都从此项目中受益，同时，通过该项目开发的网络工具和培训视频还广泛应用于社会学院学生的课程学习。正如哥伦比亚大学社会学院副教授 Susan Witte 所说，多媒体连接项目的最终目标是保障更多人的性活动的安全，以便他们可以避免患艾滋病的风险。我们不仅很好地创建了高效的数字环境来支撑社会服务，同时，我们视频的应用及多种在线工具改变了我们传统的课程教学方式，网络系统还为我们的研究收集了大量的原始数据。

总之，CCNMTL 格外关注媒体技术对于教育、科研和社会服务所提供的支撑，其所设置的项目将教师教学与社会需求相结合，学生学习与专业实践相结合，教师科研与社会实践相结合，不断突破传统教学方式、学习方式、科研方式与社会服务方式。在此过程中，CCNMTL 中心的教育专家、教育技术专家、课程论专家深入具体课程，与教师协同工作，共同创建出信息时代教学、科研与社会服务一体化、协同发展的新模式。

综上所述，转变教学支持服务机构所提供的支持和服务方式，更好地支持和促进学科教师的具体课程改革和发展，鼓励和促进教师对教与学的关注和研究，形成良好的教学学术发展的氛围，进而提升教学和学习品质，成为教学支持服务机构在当前高等教育改革发展时期所要承担的职责和义务。如何将具体学科的课程教学与学习构建的卓越实践进行传播和推广，进而在更大的范围内促进卓越教学与学习，形成强大的辐射作用和影响，也成为教学支持服务机构所要解决的问题之一。同时，尽管个别化的课程教学和学习支持服务成效显著，如何从更加宏观的视角支持学科专业的发展，进而推动整个大学教育教学改革前进，提升教学与学习效能，进一步彰显教学支持服务机构的重要性，成为此类机构能否可持续发展的关键所在。

二、跟踪世界前沿进展，推动院系课程改革

当前高等教育的课程普遍存在诸如沿袭传统、迁就现状所带来的课程结构不合理、课程之间逻辑顺序衔接不足和重叠等问题。同时，单个教师在进行课程设计时，不自觉地进入以学科内容为中心的课程设计方式，其重心放在内容的讲授、使用的教科书和参考材料、如何利用媒体技术进行内容传递以及考试方式和内容上。因此，独立的课程改革也往往出现有心无力的局面，引发知识的连贯性、重叠或者疏漏等问题比较突出，而且容易导致学生知识点存在片面性、专业核心能力素质不高等问题。因此，如何改革课程设计，分析学科、专业课程的必要组成部分，进行课程规划成为教师及院系部门必须面对的首要问题。

随着建构主义理念对教育教学改革影响的深入推动，近年来，欧洲高等教育课程改革逐渐转变为以学生学习成果为中心，强调学习成果与核心能力的培养。在课程设计的过程中将学生学习成果与核心能力的养成，融入教学目标、教学活动及教学评价的过程中，以切实培养学生的核心能力。这种以学习成果导向和核心能力培养的设计方式，除了一般的核心能力外，还需要特别针对不同学科领域制定专门的核心能力指标。

其操作步骤是需要首先设计院系、学科专业的教育目标，也就是想要培养的学生能够达到的能力素质要求；其次分析学生需要具备哪些能力才能达成教育目标，即学生核心能力的培养；最后分析和确定每种核心能力可以由几门课程达成。因此，教学支持服务机构不仅需要支持教师某门课程的教学，更需要从根本上和院系一起重新设计教育目标、核心能力，从而重构其课程结构和内容。在此基础上，教师

选取该课程应培养的核心能力，然后配合课程内容，转化为具体的学习成果作为教学目标，从而规划学习活动、学习评价。

在此过程中，教学支持服务机构设立专项申请、立项评审及提供经费支持。随后，教学支持服务机构负责收集国内外高校相关课程与教学的相关比较研究，同时开展教师、学生及毕业生的调研及访谈，听取各方对课程安排的建议和意见，最后教学支持服务机构将研究结果供院系规划新课程结构的时候参考使用。而相应的院系应成立课程规划发展小组或委员会，以构思未来可能进行的新课程，设定教育目标，确定核心能力以及所开设的课程结构和顺序。随后教学支持服务机构则扮演咨询的角色，提供资料或调查规划的协助。

三、开展调查与研究，推动大学教育教学改革

在院系层次推动课程改革和人才培养目标的重新设定无疑对专业课程规划和专业人才培养提供了质量保障，然而，课程规划和目标的重新设定除了依赖于院系标准和不同的学科专业要求外，还要在学院和大学层次做进一步的规划和重新设计。在学院和大学层次上的人才培养是由通识教育、专业教育、认证或者其他教育所决定的，正如 Mathew L· Ouellett 所言：只有在学校层次上对课程体系设置进行重新界定，明晰校本特色的人才培养目标和方向，院系才能更加明确地进行课程规划和人才培养目标界定，教师也才能更加理解单独的一门课程如何适应该学科专业的课程体系。因此，如何通过研究和创新在大学层次上支持大学教育教学改革，提升所在大学的核心竞争力，对教学支持服务机构提出了更高的要求。

台湾逢甲大学自 2006 年起连续三年荣获台湾地区“教育部”教学卓越第一名以及两次获选中区教学资源中心奖助金第一名。这些荣誉的获得依赖于其建立的“学习成果导向之双循环课程规划与管理机

制”在积极推动全校课程规划与管理机制方面取得的重大成就，成为当前教学支持服务机构推动院系课程改革，进而促进大学教育教学改革的典范。

（一）成果导向双回圈课程规划机制的基本设计理念

为推动以学生学习成效为主体的教学卓越政策，逢甲大学建立了“e 三五教学卓越计划”，该计划在课程层面主要推动力为成果导向双回圈课程规划管理机制。所谓的双回圈，包括外部回圈与内部回圈两个部分。外部回圈是指根据国家社会的产业发展、学校特色及定位、家长及校友的期望、学生个人发展及人文素养来制定教学目标；内部回圈是透过教学目标去达成学生基本能力、核心能力。基本能力是指大学通过通识教育、共同必修、潜在非正式课程与活动达成的能力；核心能力则是一个专业为了要达成教育目标所制定的核心能力。有了基本、核心能力之后，再针对基本能力核心能力进行课程规划以及需要实现的指标。其中以数字化的课程规划管理机制来辅助教学，其产出的学习成果，再通过评价去修正核心能力、课程规划和教学目标。

（二）课程规划机制的实施过程及保障措施

第一，各院系通过内外部循环机制，审视教育目标和核心能力的达成情形，并进行课程规划。在此过程中，各院系聘请业界、学界代表成立咨询委员会以结合业界需求与学界发展要求。教学支持服务类机构则进行用人单位需求与毕业生调查，将调研结果反馈给院系后，作为教育目标改进意见。

第二，各院系透过内外部回圈机制，完成教育目标及核心能力制定，并进行课程开设规划设计。外部回圈则依据院系教育目标，进行评鉴与评量，检视教学目标是否达成，每 3~5 年为一个周期。内部回圈则依据院系设定的核心能力目标进行评估，每学年进行一次。

第三，逢甲大学还建立了课程规划与管理规定，办理课程规划和评估以管理各教学单位所开课程。同时，课程变更或者新增要经过三级课程委员会审议，以确保所开课程符合教育目标及核心能力养成。

第四，学生的基本能力部分则由通识教育课程委员会依据学校教育目标制定，经通识教育系、院级课程委员会审议，各科目第一部分内容相同，确保学生习得应有能力。目前已经形成以有学分的正式课程包括英语、文明史、公民素养等为核心、无学分的非正式与潜在课程相搭配的多元开放与相互整合性的通识教育课程。

第五，逢甲大学使用 Blackboard 教学管理平台，将课程大纲全部上网以便学生查询。经过正式、非正式、潜在课程等培育学生的软硬技能，并利用网络平台收集学生学习成效的证据，充实学生学习历程，构建学生的 e-portfolio 作为升学、就业的履历。

（三）教学支持服务类机构的构成及作用

台湾逢甲大学并没有设立专门的教学发展中心之类的机构，而是采用横向整合的方式，强化行政服务与各教学单位之间的合作，全面塑造优秀的组织文化以落实教学卓越计划。

咨询机制：由校内外杰出教授、优良教师及学者、专家组成“教学卓越委员会”，提供教学品质持续改善咨询建议。

决策机制：由校务、行政及教务会议为主体，涵盖各级课程委员会、通识教育院课程委员会。

整合机制：由教务长为召集人的教师教学成长中心和学务长为召集人的学生学习辅导中心，建立横向整合沟通的决策共识机制，落实整体教学与教习策略功能。以教学资源中心整合其他相关组织单位共同推动，落实推动教学卓越计划。

执行机制：建立以师生为核心、院系为主要执行单位的推动机制，配合院系发展特色，运用校内各项支援机制，主动规划并建构适合师生的教学与学习策略。

评量机制：透过本校教学品保中心、跨校合作的学科能力评量中心，发展优质的多元评量机制，研定基础性课程最低内容标准与学习成就评量工具，推动教学与评量的结合，精进教师评量技术及革新教学评量方式，带动教学品质持续改善。

支援机制：构建以服务教师教学为目标的教学资源中心，下设教学发展组、教学科技组和数码教材发展组；教务处教学品保中心、学程发展中心、注册课务组，与学务处领导职能与服务学习中心及课程辅导中心、导师业务中心、研发处、图书馆、校友联络暨就业辅导中心等行政单位形成教学与学习资源体系，共同支援院系执行教学卓越计划。

考核回馈机制：成立计划办公室，直属校长，由专人考核掌控教学卓越计划的执行进度、成效、经费运用等。由外界评鉴、校内自评、学生成就以及师生与家长意见调查，建立双回圈组织学习型回归机制，以检视计划成效，作为持续改善的依据。

显然，台湾逢甲大学尽管并没有构建独立的教学支持服务类机构，但是在整个大学范围内，建立以项目或计划为主导的以学生学习成效导向的双回圈课程持续改善计划为基础，在课程、师资、学习、辅导及资源五个方面，构建促进卓越教学的基础条件。同时，整合校内各种机构力量和资源改善现有教学的人力、制度与资源，充实教学的基础，厚植卓越教学的根基，成为教学支持服务类机构开展研究和调查，促进大学教育教学改革方面的卓越典范。

综上所述，教学支持服务机构除了对通用的教育理念、方法及技术等进行宣传、培训和辅导外，加强自身的研究，利用机构的教育专家、教学设计专家、教育技术专家等与教师的具体课程相结合，利用自身专长和研究的优势，与教师协同工作，进行教学模式创新，进而推动院系层面进行课程教学改革成为信息时代的一大特色，此外，开展诸如新生入学调查、毕业生调查等多种角度的调研和访谈，联合校内其他机构共同支持大学教学改革也已成为大势所趋。此外，有研究显示，“大学使命声明和战略目标的发展：大学新的学习和教学策略的建立；由教学支持服务机构员工担任领导角色的大学模块化方案的重新设计；质量监控程序的发展包括更多的学生、校友及雇员参与课程验证和评审；在高等教育和企业接口方面，重整大学就业辅导服务，成立新的就业操作部”等诸多方面都显示出教学支持服务机构已经成为大学改革发展的主要贡献力量之一。

第二节 大学教学支持服务体系教师发展功能与结构分析

高效的教学支持服务结构组成要素合法性的确立，必须关注教师的主要功能。事实上大多数高效变革项目都开始于过程层次的职业关系及日常活动。因此，教学发展功能仍然是教学支持服务体系的主要关注层面，个人发展和组织发展都为此服务。

一、教学评价：促进教师教学改进的动力来源

在组织中，评价会带来变革的论断是被广泛接受和认可的。任何想要进行系统变革的组织，都必须在当前操作和期望结果之间进行差距评价。由于价值和参数在任何期望结果的阐释中是内隐的，学生评价可能是最普遍的用来调查教师教学绩效的方法。同时，还有两种评价方法也是经常用到的包括教师自我评价以及同行评价。尽管大多数教师承认这两种方法的价值，但是，很多情况下更倾向于使用学生评价。

（一）传统教学评价活动的优劣性分析

1.自我评价

教师自身是设计用来提升教学的高效教师发展项目的最关键要素。只有当他认识到自身的不足或者低于他设定的个人标准时，教师才会去提升自己的教学。因此，教师发展模型的很多要素都是设计用来帮助教师实现对可能的差异有完全意识的一种方式，这些可以通过观察和培训来降低差异。

因此，可以借用库尔特·勒温（Kurt·Lewin）描述变革阶段的“解冻”来描述这一方面的改变。只有当个体经历一些矛盾、反差、疼痛或者痛苦，他才能进入变革之中。Lewin 认为，如果要催生改变，那么在任何有意义的学习体验之前必须解冻。如果没有解冻，那么个体将继续进行“形式上的”而不是实质的变革，或者抵制该项目。

一个高效的教师发展项目应该包括这样一个阶段，即教师必须评价自身的优势、不足以及需要改进的方面。一旦教师完成自身评价的过程，那么接下来就是同行评价或者学生评价。这种差异不仅出现在教师自身的实际状态与理想状态之间，还出现在他的自我评价与他人评价之间。这种“交叉确立”的评价程序对个人发展及机构发展都是必要的。

2.同行评价

同行评价尽管从理想上来说具有重要意义，但是却很少在教学评价中使用。在这种评价中，同行并不是严格意义上的词语，他们可能是资深教师以及通常是终身制教授来评价非终身制教授或者非终身制教师评价研究生教学助理。很多学术机构不愿意进行同行评价项目的原因往往在于，缺少时间以及会降低成员之间的信任度。

一个高效的减少时间代价的方式是鼓励团队教学。通过参与另一个团队成员的教学，可以获得非正式的同伴观察和评价，尤其是参与一门课程，而自己又是其中的一员。如果一个部门有规则地进行班级安排，那么进入同事的课程并知道自己的最终评价，对将来接替这门课的教学会对教师有极大的帮助。另一种鼓励同行评价的方式是指定部门一员作为主管教师。设定主管教师挑选的标准，比如，课程注册率，学生标准化考试成绩、声誉或者教学经验。相应地，这位主管教师可以减少教学工作量，以便他可以进入同事的班级。当然最好的方式是这种主管教师可以根据年限在多位教师之间轮换。

同行评价之间的信任因素是最难处理的，因为它潜藏于个人及组织发展的努力之下。首先，教师面对他的教学评价反馈的时候必须相对冷静。为能良好地应对这样的反馈，很多教师应该接受一些个人的成长以及社交技巧的培训，尽管这些培训自身也存在某些缺陷。相应地，提供反馈的教师应尝试提供一些非评价性的、描述性的、尽可能有帮助的话语，这样被评价教师会比较容易接受和借鉴。

信任也是可以通过组织的多种努力来增进的，组织结构应该变得易于增进交流，同时也要改变评价教师之间的地位差异。应当建立对卓越教学的奖励制度，也应该在部门或者学科层次上构建团队。当建立一种对教学探讨的开放机制时，在个人和组织层次上都会受益的是同行教师面谈，尤其是，私下讨论会更加有助于个人之间的互信。一旦建立一种认可的、威胁相对较少的方式来提升教学，同行评价可以采用正式或非正式的方式运行。教师可以邀请同事进入教室并发表评论，或者部门建立一种平衡的互换项目，使用结构化的观察量表。

3.学生评价

当前学院教学评价的大量努力都致力于学生评价。本研究不关注学生评价的方法，而是关注学生评价在教师发展中的角色定位。

第一，学生评价同样为师生交互提供了一种媒介，因此有助于教师教学技能的提升。学生变成参与教师教学决策中的一员，通过提供给教师绩效反馈成为“帮助者”的角色。教师也就成为临时的“接受者”的角色。他可以从他的教学对象身上获得关于他自身能力和教学风格的信息。那么相应地，教师就会对学生变得更加负责，学生也就是为提供给教师教学绩效的信息负责。学生评价同样可以提升责任感。尽管有所限制，但是，学生评价提供了相对公平的结果，输入关注的教师教学绩效就可以得到教师评价及其发展的有用信息。

但是，学生评价的负面作用也不可回避。首先，否定性的评价可能会导致逆反行为。当提供一个否定评价，很多教师往往非理性地对待这些数据或者简单地忽视它，尤其是这些信息包含着某种意味的对他们教学能力的评价。要避免这些问题，思路是开发一种多维评价量表，管理者及部门领导可以利用它提供普遍及总结性的信息，但是却可以让教师私下进行具体分析和数据评价。

其次，通常收集信息的主要方式是调查问卷。一份典型的课程评价主要包含：教师和学生是否建立了亲密和谐的关系，或者教师是否提供了清晰的连贯的课程等。诸如这些问题，教师能从中得到什么呢？没有一个问题提供了可以令行程改变的连贯的、聚焦的信息。而且，大多数这种类型的选项都是与一般评价选项高度关联的，因此，并不能真实地测量任何其他事情，仅仅可以获得学生多么喜欢这门课程或者课程教师的信息。

再次，学生评价不能很好地服务于教师发展，教师也仅仅把它当作反馈的一种形式而已。尽管学生评价仅仅提供一种类型的信息，但学生评价非常具有诱惑力，因为它们是廉价的，它们占用的是学生的时间而不是教师的时间，它们可以很容易地进行量化和计算机处理，因此，很多管理者和教师认为它们是评价的有效方式。没有信息可能比只有部分信息要好。当需要作出诸如升值、加薪或者终身制评价的决定的时候，这些信息可能就会被认为是可靠的，而且，学生评价是必要。

最后，机制也同样存在问题。学生的抽样数量往往是带有偏见的。对课程失望的学生往往不会完成这样的评价，而且，在很多校园中，问卷的开发和利用往往是天真幼稚的心理在作怪。尽管他们可能拥有内在的高度可靠性（从大多数评价分项中提取典型的评价要素），但是它们通常是非高效的（某一个维度有太多的评价分项），而且也很少被外在标准所认可和广泛接受。同时，学生评价程序也应当紧紧地与教师发展项目的其他部门相联系。被评价教学的任意一个分类都应当是获取培训的机会，否则，评价程序就会变成一个武器，而不是变革的工具。

总之，上述篇幅分别讨论了各种评价方式的优、缺点，它们分别阐释了出现在教师发展项目中的其他要素的一些关键问题。首先，自我、同行或者学生评价都是教师发展的有效方式，但是，任何一种方式的潜力都应当深入地进行挖掘，因此，应当进行综合的应用。其次，改变往往是潜移默化的也是一个复杂的过程，因此，往往不鼓励使用大量武断的、敏感的依赖于评价等级的绩效考核方式。当教师面对这些信息时会和自身目标产生矛盾冲突，但是这并不意味着引起他的自卑，这只是变革的准备（解冻）过程。这些信息是描述性的，不是评价性的，也是保密的而不是公开的，必须建立在一种信任的情境下。只有当教师获得了这些信息，变革的过程才会发生，培训和咨询才能直接指向个体的需要。

（二）从学生评价走向学习成果导向的教学评价

当教学转变为以学生为中心，那么教学评价的视角自然也会从教师教学评价转变为以学生为中心的评价。这种转换迫使教育改革的倡导者不断地思考：教师的教学是否符合学生的需要，是否为有效的教学，学生究竟学了多少。自20世纪90年代以来，学习成果评价已经成为美国高校公认最有效、最具体的教学绩效评价方案。1999年，29个国家在意大利波隆纳大学签署的《波隆纳宣言》（*Bologna Declaration*）中宣示从2010年起，各国大学都要根据学生学习成效来决定是否承认其所颁授的学位。这一宣言的提出，则完全改变了传统的教学质量评价的方式，学生学习成效评价成为当前促进有效教学的重要手段和方式之一。正如欧洲高等教育品质保证网络副总裁、德国评鉴中心常务董事所认为的一样，我们必须改变注重输入/内容的传统概念，转变为以学生学习成效为主的课程设计。

学习成果导向的评价则必将引起教师教学模式的转变。首先教师必须明确教学目标，即学完课程后应该具有哪些核心能力，在此之前则必须评价学生的初始状态，而两者之间的差距则有赖于教学活动来实现和达成。教学结束后，评价学生是否达成最初设定的目标，以及达到的程度，以此来修正教师最初的课程设计、教学方法以及评价方式与教学目标的一致性。这种学习成果导向评价的转变以及由此带来的教学模式的转变，并不否定前面所提及的同济评价以及自我评价的方式，显然学生评价的方式更加有利于对教师教学的改进和提升。

台湾大学教学发展中心在原有的课程教学调查问卷中加入了学生对学习成果的自我评估，将评价的调查问卷分为三个部分：基本信息、课程与教学、学习成果与建议。在基本信息部分中包括学生的出勤率、教师的出勤率、学习活动设计以及学生学习的时间等。在采用打分的课程与教学部分主要包括教师课程设计、教学态度、教学方法、表达方式以及课程进度和活动组织等。学习成果部分并不计入评价分数，仅作为供教师参考的信息，提供教师反思的通道。其内容主要包括学生对课程的内涵与重点的掌握、提升延伸学习的基础、知识的应用能力提升、组织与分析能力的提升等。最后则是发散性的建议或者意见。学生填写调查问卷能够比较客观全面地提供教师了解学生回馈意见的管道，在教师评价与升职等发挥了一定的作用。但是，在 2007 年以全校教师为对象的调查问卷结果显示，只有 1/3 的教师认为现行的教学评价方式恰当或者非常恰当。更多的教师认为，即使学生填写的调查问卷修正得再完美，学生的评价数值和文字意见也只是单方面的学生主管的满意度。很显然，这种评价方式无法了解教师本身的教学理念、教学方法与在教学上作出的努力，也不能呈现学生的学习成效。因此，如何提升和加强教学评价，以更精准地反映教师的努力成为实践者和研究者关注的焦点问题。此外，对传统的同事评价、自我评价及学生评价的批判的声音也不仅如此。美国印第安纳大学的彭昭英教授认为，不同的课程有不同的教学方式，却使用一张量表进行评价，而且教学本身是一种复杂的行为，所以必须采用多样化的证据来进行评价。同时，量表所产生的数字，比如平均值 4.3，也只是便于比较高低，并不能看出教师实际教学的特质和优缺点，教师也无法从中得知改进的方向。最后，教学评价在每学期每门课程都采用相同或类似的题目，学生容易形成惯性，因此，在评价的信度和效度上也会受到质疑。

（三）技术支持的教学历程档案评价

为解决传统评价方式的种种弊端，当前北美大学推动的教学历程档案（Teaching Portfolio）则不仅是引导教师长期系统的收集教学活动相关材料与文件的资料夹，更是强调精练地整合所有重要资料来具体呈现个人教学的表现与努力的重要方式。台湾大学教师发展组副组长李纹霞教授认为：“原有的学生评价或者同行评价就像手电筒的光束一样，只能在有限的范围内显露教师的教学技巧和能力，而教学历程档案则像探照灯一样，能全面地呈现教师的教学技巧、能力、态度和价值。”《教学历程档案》（*The Teaching Portfolio*）和《学术历程档案》（*The Academic Portfolio*）的作者塞尔丁（Seldin）教授认为教学历程档通过添加教学经验和责任、个人教学哲学和目标反思的描述、个人教学方法和策略以及实施中教学改进活动的评论、未来教学目标和计划的陈述等可以实现四个功能：收集和展现具体明确的有效教学证明依据，以供教学评价以及支撑提升等的考量，可作为求职、休假、教学奖励以及资助经费申请的依据，可完整地展现教师教学的改进，也可以提供个人教学心得供他人参考。在此基础上构建的学术历程档案则能够呈现教师在教学、研究和服务三个方面的专业活动。教学成果部分包括：教学责任；教学哲学、目标和方法；课程大纲；课程修正陈述；教学成长活动记录；学生的教学评价材料等。研究和学术成果则包括教师研究和学术的性质、学者专家对教师研究和学术的评价、代表性的学术作品、研究项目的申请及成果、研究生的指导等。服务成果则包括代表性的学校事务参与和服务工作、学生辅导、教师支持和服务学习活动等。对于教学历程档案和学术历程档案的撰写，Seldin教授认为：“教师的反思尤为重要，因此该档案的作用是帮助重新思考个人目前的活动、运作的策略、优先顺序以及未来规划和自我角色定位。”

截至20世纪90年代末期，美国高校中约有500所教学支持服务机构采取了建立教学档案袋以促进教师发展的形式。教学档案袋与其他的功能相比，具有以下特点：首先，教学档案袋是教师个人的教学理念、教学大纲、教学计划、学生的学习成果以及个人教学的反思等内容，在教师建立个人教学档案的过程中，教师可以全面客观地审视和评价教学过程中的得失与成败，从而改善教学；其次，教学档案袋中记录的教师的教学情况和各种材料，可以有效证明教师的教学成绩，便于客观公正地评价教师的教学工作，用于人事部门的晋升、加薪等决策；再次，教学档案袋还可以有效地促进教师之间的交流，在当前知识管理在教育中的应用越来越受到重视的时期，教学档案袋可以在新教师教学经验借鉴、丰富教学内容、提高教学效果方面起到极大的经验借鉴的功能；最后，教学档案袋作为一种长期教学过程的归纳和整理，也能够客观反映教师教学成长和个人发展的轨迹和历程，也是“客观反映学校对教学重视和教学质量水平的重要表现形式，从而也有助于回应外面对学校各项工作评价的批评和指正”。

二、教学分析：教师教学改进的真正起点

无论是学习成果的评价还是教学历程档案袋的建立，都是从整体上对教师的教学理念、目标、态度、能力等进行综合性的评价，因此，对于教师实际教学课堂的把握和具体方向上的改进往往存在众多不足和缺陷。教学分析则在一定程度上弥补了这种缺陷和不足。通常来说教学分析包括课堂观察和微格教学两种活动。

（一）真实情境下的的教学分析

课堂观察要素由三个主要活动组成，即建立契约、数据收集和数据反馈，每一个都必须有相关的咨询过程。

1.建立契约

教师必须首先确定他想需要方面的教学信息，然后顾问团队根据他们有限的时间、资金和专长确定，这种类型的数据能否被收集。教师和顾问团队之间要对达成一致的领域的信息形式建立契约。如果没有这个建立契约的过程，顾问分析团队就不得不根据他们的想法作出一个关于教师想要得到或者需要得到哪种类型信息的假设。而这种假设最终可能是不正确的，将导致时间和资金的浪费。而且，如果教师没有参与收集信息类型的决策，他也就不会对数据收集过程或者收集到的数据有“主人翁”意识。那么他很可能会忽视或者抵制最终提供给他的信息。

2.数据收集

每一个分析契约根据教师的要求制定完成之后，团队的成员应该紧紧的抓住一些基本地概念分类。一些基本的工具和方式就可以确定，分析团队应该获取的基本资源包括：①一些基本的微格教学诸如提问技巧、课程引入和总结之类的观察工具；这些工具主要在传统的讲授式课堂中应用，应该直接与一个微格教学项目相连，比如，马萨诸塞州立大学的教学提升项目。②交互分析工具可以用来分析教师，理想状态下，应该培训分析团队各种不同的交互分析工具的使用。③一系列学生评价工具可以用来评价不同维度下学生的态度。④还应该培训分析团队数据收集的技巧。⑤为适合于教室外的教学情境，分析团队应当准备或者开发一系列与小组功能相关的“田野工具”，比如，Seminar、项目团队等，也应该为服务于学生校园外活动的相似工具，所以，应尽可能地丰富分析工具。一旦需要，团队可以选择或者重新设计相关的诸如领导者风格、交流模式、小组规范及小组角色等的维度。⑥分析团队还应该可以对教室、Seminar 或者建议部分或者教学的视频录像、音频等进行逐字的描述。

3.数据反馈

数据反馈的首要问题是沟通交流技巧。经过具体的观察之后，要在 2~3 周内提供一个书面报告，过期反馈的实际价值就会大打折扣。报告要简洁，要根据观察和分析仔细记录所有主要的结论，而且这些结论要清晰地进行阐述并且客观公正。专业术语必须降到最低，同时，温和的语气往往是最高效的表达方式，而且，必须在报告中充满对教师的尊重。要在反馈书面报告之前召开分析会议对报告进行彻底的讨论，逐字描述、视音频录像可以用来纠正或者阐释分析团队做出的结论。在具体分析项目的早期，应该召开会议来重新回顾这些记录。

通常来说，建立契约、数据收集和数据反馈这三个步骤是循环往复的过程。教师完成一个过程后，往往希望就其他不同类型的信息或者在具体领域上建立更加深入的契约。分析程序往往会让教师考虑进行进一步的培训，新的教学方法或技术以及对他所在部门或者所负责课程的重新设计。这种新出现的关注点必须获得分析团队的支持。团队成员也应该提供给教师具体的关于可以从哪里获得支持的建议。没有接下来的资源获取的教师发展项目，教师可能会对整个分析程序所获得的结果彻底失望。

（二）关注教学技巧分析的微格教学

微格教学培训程序首先由德怀特·艾伦（Dwight Allen）和凯文·瑞恩（Kevin Ryan）在本科生和研究生进入初级和高级中学教学使用。当程序管理者发现，微格教学项目经过修正可以用在大多数高校层次的教学中，他们就开始广泛地应用于教师培训。在 Allen 的指导下，马萨诸塞州立大学建立了一个卓越的教学提升项目，而微格教学就是这个项目中意义非凡的一部分。

微格教学的主要限制不仅在于它不是起源于高等教育，更在于它的关注点是传统的师生环境。如果不经过修正和扩展，微格教学的结构仅仅对传统的教师起到作用。换句话说，如果传统教师的讲授或者讨论通过这种方式进行培训，那么他将更加倾向于在教学中使用非传统的方式。如果微格教学项目的运行通过一个有效的教师分析再加上基于微格教学的强化，那么这个要素在教师发展项目早期的价值将尤为突出。换句话说，微格教学不应该是这个项目的第一阶段，当它被孤立考虑的时候，对教师来说，微格教学是个威胁。

即使微格教学和当前的体系一样，与非传统教学相比会有某些限制，但是，这个项目暗含的基本假设适合于所有形式的教学。微格教学基于的假设是：教学可以被细分为相对独立的技能，每一种技能都可以通过阐释、教学实践及反馈得以传授。对比于其他的培训项目诸如 Seminar、实验师培训等，微格教学程序在学生咨询中已经广泛使用。

尽管微格教学是分析教学技巧，但也可以提供给教师不同的教育方法。在微格教学中，一系列具体的方法可以用来将学生引入特定情境，比如，课堂一开始的角色扮演或者通过一个流行的电视节目来阐释价值或一个特殊现象。

（三）信息时代教学分析和微格教学数据收集角度的转变

尽管这课堂观察和微格教学与前文所提及的教学分析的三个组成，即建立契约、数据收集和数据反馈并没有形式上的改变。然而，由于教师和学生角色的转变所带来的数据收集角度的转变则成为信息时代大学教学支持服务机构关注的焦点。

第一，教学目标的设定是教学的出发点和归宿，因此也成为教学分析的重要内容。教学目标的设定应该从学生的知识、能力和情感三个维度来进行设计，尤其要注意体现建构主义教学观的因材施教的原则，也就是说，教学目标要根据学生的整体水平和能力特点，进行综合设定，同时又要注意对学生个性差异的区分和对待，因此学生参与教学目标的设定成为当前高等教育教学中主流的方式之一。

第二，在此基础上教师进行教学活动的设计，诸如教学思路与教学内容和学生内容的一致程度，课堂教学的结构安排是否严谨、过渡自然、时间分配合理以及师生之间活动时间的分配。

第三，对于教师的教学方法和教学手段的课堂观察。由于不同的教学目标、教学内容需要不同的教学方法和课堂组织形式，教学方法和手段的运用是否灵活，能够“量体裁衣”。教学手段的运用是否能够更好地呈现学习内容，提高学生学习的积极性，促进学生对知识的深层理解。

第四，教师的教学基本功的展现，如教态、语言组织以及课堂活动的引领和教学情境的创设是否有助于学生对知识的建构和更高层次的深度学习。

第五，要关注教师所建立的师生关系如学生主体地位的确立、课堂教学的氛围和环境以及教学效果的评价等。

无论是课堂观察还是微格教学，都应该由课前沟通、课程评析、书面建议、课后咨询及教师意见回馈等步骤组成。在这个过程中，课前沟通的目标是使教师和课堂观察者相互了解和熟悉，教师熟悉评价的角度和维度，观察者熟悉教师的相关教学信息。评析完成提供书面建议后，要注意形成于教师的反馈。即完整的教学评析不应该仅仅以书面报告的意见反馈为结束，而应该是真正的问题解决的起点。通过课后咨询和教师意见反馈在不断的交流中，协助教师肯定自己教学的优势，并探讨有效教学的建议和意见，最后形成后续的推动和提升计划，以不断促进教师教学能力的提升和有效教学目标的实现。

三、教育理念、方法和技术支持：教师教学持续改进的助推器

正如伯格维斯特和菲利普斯所认为的，当单独列出教育理念、方法和技术要素时，并不意味着教育理念、方法和技术能实现意义重大的变革。原因在于，大多数教师认为自身已经是一名卓越的教师，或者根本不认为自己的主要职责是做一名教师。与之相反的是，也有少数教师认为教学的价值极为重要，但是，将自己视为无可救药的教师，他们不能有效地使用传统的方法和技术，更不要提新地方法和技术。因此，教育方法和技术的培训应该获得态度和结构支持。通常教师来

到这个培训模块是希望获得一些小的取悦学生的技巧，希望这些技巧能够保留一门课或者形成一种教学风格。事实上，很少有教师在使用方法和技术上经过深思熟虑。

作为一个完整的教学过程中的一个要素，教育方法和技术的培训显然是必要的。教师可能会批判性地审视甚至改变他的教学价值观以及师生关系的观点。教师可能已经得到有帮助的反馈，也已经接受了教室教学的相关培训，但是，在某一个特定的点上，他仍然想要继续探索呈现课程材料的新方式以及想要通过一种方法来重新设计课程以使其与他的新风格相适应。新的教育方法将提供给教师所需的信息。学习系统、自定步调的课程以及基于经验的学习项目允许教师成为课程的领航人，成为教育环境的执行人，成为学习目标以及他自己喜爱的教学风格的服务者。相应地，为了掌握这些新技术的知识，教师必须有更大的规划课程的自由度，有更多的让自己和学生实现不同角色的经验。一个高效的教师发展项目还应该提供方法和技术问题的咨询服务。而且，应该确定学校的资源以及有哪些资源是涉及具体学习项目所可以获取的。激励机制的设计专家或者多媒体专家也同样应该提供有价值的服务，为教师提供可以利用的其他资源及经验。

正如伯格维斯特和菲利普斯所认为的：当前高等教育看起来更缺少新的思想，而不是缺少学习内容以及缺乏其他教育和培训机构所产生的方法和技术的培训机制。

通常来说，新的教育思想和教学理念的传递可以通过集体培训、专家报告以及研讨会或者 Seminar 的形式进行经验的交流和分享；技术的应用可以通过培训或者提供在线视频及咨询等方式提供技术支持。

（一）围绕教师不同阶段提供理念、方法与技术支持服务

正如前文所述，不同学科专业教师在不同的发展阶段，自身对于教学的理解和经验决定了他所需要的支持和服务的类型。因此，将教师不同的阶段进行细分成为当前教学支持服务提供教育方法和技术支持的主要做法。

台湾大学教学发展中心则通过对教师三个不同阶段的分类，辅助以各种现实和虚拟的交流方式，以提升教师的教育方法和技术能力。针对新教师设计的“新进教师研习营”的目的是协助新教师了解台湾大学发展愿景、教学研究资源以及教师的权利与义务等内容。具体包括台湾大学发展理念介绍、杰出教师经验分享、各类校园资源说明以及跨学院教师联谊等活动。随后，新教师可以在教学资源网了解具体的教学资源内容。教学资源网的功能模块则根据教学前的准备、第一堂教学课程、学期课程进行期、学期结束之际和整学期间使用的内容进行教学时间轴的安排，以便为教师的课前准备、课间授课、课后评量打造坚实的基础。教师可以在任何时间针对自己的教学进度查询到相应的资源以及方法与技术的支持。

在此过程中，教师可以参加“教学工作坊”以提升自己的教学理念、教学技巧、课程设计、教师生涯规划等的研讨和交流，并且可以在“台大演讲网”获取所有的工作坊视频，以便于教师反复学习和观摩。

为加速教师的快速成长，台湾大学教学发展中心设立了“飞雁计划”计划并推出了“教师成长社群计划”的传习制度，以鼓励教师自行组建教师成长社群。这种实践共同体的组建迅速推动了教师之间的相互学习、教学经验、教材改进及研究发展等主题式学习。同时，为更加有针对性地解决个别教学中出现的问题，增进教师之间教学经验

与技能的交流与分享，台湾大学教学发展中心推出了“教学领航计划”。邀请本校杰出教师为领航教师进行咨询工作，提供各种教学活动的咨询及建议，以协助教师提升教学品质。

最后，为推广教学改进实施的成果，台湾大学教学发展中心设立了“椰林讲堂”，其目的是透过优良课程观摩建立沟通平台，内容包括教学改进绩优课程成果发表、杰出教师教学经验分享、“教”与“学”研究成果发表、行政与法规综合研讨等活动。

（二）信息技术培训与咨询服务

教学技术培训活动是最为常见的促进教师掌握技术的支持服务活动。教学支持服务机构通常采用机构技术人员或者外聘技术专家通过集体讲授、案例展示及上机练习等方式帮助教师掌握某项教学技术。因此，教学支持服务机构往往通过建立固定的教师支持工作环境来促进教师学习和使用教学技术以提升教学效能。

哥伦比亚的新媒体教学与学习中心通过构建一个吸引教师可以一起协作与工作的教师支持工作室，提供一系列的服务，以此促进教学质量的提升。教师支持工作室配置有 11 台装有各种应用软件的工作站以及扫描仪和视、音频设备。教师可以在此完成下列任务：

①网络课程准备：利用课程系统平台、博客、Wiki 等进行课程管理和协作网站的配置；为网络课程添加课程资料；配置课程相关的资源。

②资料准备：文档数字化以便粘贴在课程网站；准备课程教学内容和作业；Word 文档转换为 Pdf 格式；设计幻灯片。

③媒体准备：扫描照片和幻灯片；通过 Photoshop 编辑和修改图片；印制仅限在教室中使用的课程材料；录像带视频数字化及编辑视频；准备流媒体视频片段；创建 CD 或者 DVD 图片光盘；创建和编

辑声音；准备有声版幻灯片；录制课程视频。

这种固定地点的实体技术环境练习场所的建立的优势在于：一方面，在教学技术培训的过程中提供集体培训的场所，可以在短时间内将所学内容进行练习和实践，便于教师对教学技术的掌握；另一方面，教师可以在此完成课程准备及教学资料的加工等工作，遇到相应的问题可以及时获得专业人员的指导和帮助。

与技术培训活动不同的是，教学支持服务机构往往需要建立技术咨询服务的环境和平台，以便解决教师在应用教学技术过程中所出现的各种问题。台湾大学教学发展中心建立了专门的技术咨询服务部门，有专门人员负责解决教师遇到的各种问题，教师可以通过联络电话或者发 E-mail 的方式及时便捷地获得专业人员的解答。同时，教师可以在其所建立的中心电子报网络系统中，获取到各种技术应用的信息，如“Power Ponint 结合影片更 easy”、“教材修图小撇步——跨页扫描图片的美化”等相关信息。此外，如果教师或者院系有针对提升教学技术及其策略的需要，也可以申请教学发展中心专门进行培训或者召开研讨会。

四、咨询服务：教师教学改进的重要保障

教学咨询服务功能是当前高校教学支持服务机构最为基本的功能之一，其目的是帮助教师解决工作、生活中出现的问题，提供专业性的意见和建议。研究表明，在研讨会、教学咨询、教学奖励以及团队合作、提供教学资源的支持等教学支持服务活动中，教学咨询的效果最为显著。通常来说，教学支持服务机构所采用的咨询模式有两种，即以问题为基础的模式和以价值观为基础的模式。

在以问题为基础的咨询模式中，教师通过描述他们希望解决的问题，比如，如何提高学生学习能力、如何促进合作学习等，与咨询师

通过互动分析，最后形成改进的建议。教师对于咨询师所提出的改善教学建议则取决于教师的教学价值观，因此，只有从问题背后分析教师的价值观才能从本质上了解问题的根源，由此引发以价值观为基础的模式。在这种咨询模式中，教学支持服务机构咨询师需要通过价值澄清以更好地理解改善教学所要做的事情，在这个过程中，教师和咨询师一起讨论教学的价值观，通过对教学隐喻的分析进而分析教师所面临的问题或者困惑。

每一位教师在职业生涯中都会遇到一些典型的事件，这些事件代表了不同的职业心态。丹尼尔将这些职业心态分为入门、投入、保持以结束。因此，在咨询开始阶段要分析教师所处的状态，通过询问一些问题引导教师进行自我分析，通过引导教师了解自己的处境，从更加宏观的世界来审视整个教学过程或者对职业生涯进行全面的考量，从而咨询师提出不同的策略和更加具体的建议，或者从收集的信息中提出改进的方法。

厦门大学教师发展中心构建的“教学在线咨询系统”旨在根据教师的个性化需求提供教学咨询、诊断与指导等帮助，努力为广大教师及时解决教学难题。①教学在线咨询系统设立热线电话和在线咨询服务，主要提供教学方法、内容、教学技术实现方面的咨询。中心根据教师咨询，选派人员进行解答。②电话或网络不能解决的问题，可以预约的方式，中心派人诊断症结，为广大教师提供一对一的个别辅导帮助。有帮助需求的教师可在中心的安排下，接受教学名师和其他专家的帮助与指导。③教学在线咨询系统还为教师个人教学提升或报奖、晋职优秀教师以及出国交流访问提供教学指导与建议。

要特别指出的是，咨询活动结束后的后续活动也能对咨询效果产生影响，书面的反馈或者电话邮件的继续跟踪，能够更加有效地了解问题的进展。这种咨询还有助于促进教师对教学的讨论和热情，使教学问题的讨论成为一种文化，教师可以在其中相互支持，构建互助的网络。显然这比教师自己孤立地面对问题更能对改善教学带来深刻而又广泛的影响。

第三节 大学教学支持服务体系学生发展功能与结构分析

教学支持服务机构对于教师发展的支持，无疑对于提升教师的教学能力、切实解决教师教学过程中所遇到的障碍和困惑，并进而通过提升教师的教育理念和价值观，促进高等教育的质量提升有重要作用。尽管当前对于高等教育质量保证有各种不同的途径和方式，但最终必须回归到高等教育人才培养这一根本使命上来。因此，对于高等教育而言，最终必须通过各种教育方式和手段，在教育的过程中促进学生的不断发展和完善。因此，“以学生为本”成为当前高等教育改革不断深入的主要议题和核心使命。正如阿尔温·托夫勒的名句：“未来的文盲不再是目不识丁的人，而是没有学会如何学习的人。”因此，如何推动学生学会学习，提升学生的学习力成为大学生学习改革与创新的落脚点。

基于前有分析和讨论，为更好地解决当前学生学习过程中遇到的问题，提升学生学习力，最终提升学生的学习效能，本研究认为，教学支持服务机构可以在以下四个方面为学的生发展提供支持：学习咨询与指导；技术支持的学习资源：技术支持的档案袋评价；学业预警与分析功能。

一、促进学生问题解决的学习咨询与辅导服务

从已有的实践个案研究中发现，围绕学生的课程学习、学校生活中的心理困惑以及未来职业发展的目标选择与定位等问题，当前学生发展的学习咨询与指导可以分为以下两类：课程学习的咨询与辅导，

学生心理咨询与辅导。

（一）课程学习的咨询与辅导

为使学生学习过程中遇到的难题得到及时的帮助和解决，满足课程学习以及在校学习经历中遇到的困惑之处，能够有共同讨论的伙伴，目前大多数教学支持服务机构均为学生课程学习提供个别学习咨询与辅导功能。其具体做法是选择成绩优秀的同学担任指导者，为本校学生的课程学习提供辅导与咨询服务，解决课程学习上所遇到的难题，提升学习成效。

台湾大学教学发展中心为鼓励学习成绩优秀的学生辅导同学学习，设有“教务长荣誉榜制度”，选择学习成绩在全班前 10%的本科生自愿登记为荣誉榜小老师，这些小老师提供个人专长科目或领域，并领取课程辅导记录卡，根据学生辅导要求进行辅导，辅导结束后请受辅导学生签名，在期末进行记录卡回收，辅导满 8 次或 8 小时以上者，请导师及系主任审核后，由教学发展中心注册组发放教务长荣誉榜证书以资鼓励，辅导外籍学生的记录可以作为申请本校国际交换生项目的辅助文件。教学发展中心提供咨询教室和辅导科目，目前已有科目包括微积分、普通物理、经济学、统计学、会计学、工程数学、普通化学、有机化学、英文、日文。学生可以通过个别学习咨询网预约系统进行登记，每次咨询 1 小时，每周预约时间不超过 3 小时。除接受个别化的咨询辅导外，还可以接受由 5~12 人组成学习小组的团体咨询。辅导咨询地点除教学发展中心建立的学习空间外，还可以使用 iTutor 云端教室，通过在线学习咨询环境进行学习咨询。

（二）学生心理咨询与辅导

高校扩招所带来的招生规模的扩大致使学生构成日益复杂，尤其在当前多元化的价值观推动下，大学生的思想意识、价值取向的多元化带来管理服务工作的形势日趋严峻，尤其是随着独生子女在家庭的呵护下所产生的强烈的自我意识和个性化，加之互联网技术所带来的各种信息泛滥的负面效应，给学生的学习和生活带来了极大的冲击和影响。一项针对北京大学学生心理咨询的研究表明，在所有咨询学生中，发展性问题占 79.87%，焦虑障碍和心理障碍占 8.55%和 7.42%，精神类疾病最少为 0.16%。咨询比例最高的为恋爱与人际问题、适应问题、自我发展问题及学业问题。因此，加强对学生的心理健康教育，提供咨询服务，更好地促进学生的心理健康，形成完善的人格的重要性日趋凸显。

当前高校进行心理咨询往往通过建立独立的咨询服务中心，选派具有心理学背景的人员为学生提供面对面的主题咨询或者会谈。然而随着学生学业问题及生涯发展规划咨询的数量越来越多，这就要求咨询者不仅有心理学的专业基础，还要有教育学、咨询方法论等理论基础，才能有效地帮助学生掌握和运用终身学习的技能，致力于提高学生的学习技巧、职业意识、自我关怀、人际交往、情感交流和健康生活的能力。此外，当前美国高校普遍比较重视开展网络心理咨询服务。这种通过电子邮件、聊天室及网络音视频技术进行远距离的同步或者异步的互动进行咨询形式，更能保护来访学生的隐私，而且能够及时的互动和超越时空限制，显然更容易避免学生因怕人嘲笑、被人歧视而不愿去寻求心理咨询的情况出现。

二、促进学生学习能力提升的学习策略与技能服务

学习策略和技能的掌握是学生学会学习的基础，因此，针对不同的学生特点提供明确的、有针对性的相关资源和培训服务，引导学生对学习策略进行积极的自主构建也成为促进学生发展的重要功能之一。

（一）线上线下结合，促进学生学习策略和技能的提升

学习策略与技能的指导可以通过线上与线下相结合的方式进行，线下活动通常采用研讨会或者 Seminar 围绕某一主题开展培训和指导服务；线上活动则可以提供各种文本、音视频资源，让学生自主学习相关内容。学习策略与技能的指导主要可以分为三个模块：通用学习策略与技能、学科学习策略、个人能力素养提升策略与技巧。

通用学习策略与技能通常围绕学生基本的学习方式展开，诸如如何迅速抓住重点、选择适当阅读资料的阅读技巧；如何围绕自身的研究，用清晰的逻辑、有条理的方式形成自己的研究成果的写作技巧；如何提升读书效率，抓住课堂学习或者生活中随时涌现的创意和灵感的笔记技巧；学习者的学习风格、学习动机和学习态度提升和改进的策略和技巧等。

学科学习策略通过学科不同分门别类地进行归类和整理，资料提供者分为教师和学生。教师通常提供的为策略和技能类的指导，如台湾大学教学发展中心学习策略网提供的如何撰写英文论文资料；科技论文写作；如何学好微积分等。学生则往往提供的是自己学习经验中积累和总结的技巧，如我的普通物理学学习经验；微积分学习建议；统计学小技巧等。

个人能力与素养提升策略和技巧则围绕提高大学生学习能力和

自我管理、表达能力、人际交流能力、批判思考能力等方面展开。如时间管理、表达能力的培养、管理冲突的技巧与艺术等。

此外，为提升学生鼓励学生自组织学习小组研读经典学术性著作，提升校园讨论风气和氛围，台湾地区大学教学发展中心纷纷设置了学生读书会，以台湾清华大学为例，教学发展中心为每个团队提供经费补助，最高为新台币 10000 元。学生申请的读书团队分为研究或实验所需建立的研究室或实验室读书会；因社团需要，为强化社团专业能力建立的社团读书会；为强化课堂专业知识和技能，研讨课程指定阅读教材或延伸教材的课程读书会；鼓励跨领域学习，自由选择共同兴趣主题的同好读书会。同时，每个读书会小组均设有导读人带领小组开展讨论，进行报告评论、引导讨论、补充说明、解答问题及总结规划等方式，促进小组成员的互动与沟通，进而培养成员思考与表达能力。该计划推出五年来，共评出优秀读书小组近 50 个，极大地推动了校园讨论和读书学习的文化氛围的建立。

（二）构建丰富的数字资源环境，促进学生的资源共享和协作

当前课程管理系统的应用非常普遍，学生利用在线系统诸如 Moodle、Blackboard 等平台进行课程的学习成为常态化。然而在使用过程中，学生往往将课程平台简单地作为获取教学大纲和教学资源、接收教师学生作业和提供作业上传的系统，因此，对于学生真正的学习促进和知识技能的掌握并没有起到应有的作用。学生在平台使用中遇到各种学习问题需要寻求帮助时，或者找不到相应的资源，或者找不到人帮助。此外，学生在使用平台开展学习的过程中所生成的“足迹”和留下的资源也往往成为“数字垃圾”，而桑新民教授认为：“固有发展这些学习文化生长、创新的成果，则必须及时总结、提炼，并

在交流、传播中将其转化为可重用、可再生的学习文化资源和教育改革资源，这样就能使教育系统进入一个螺旋式上升的‘超循环’和自组织系统。”因此，如何促进学习者在学习过程中的资源共享与协作，进而推动学习主体和学习资源的双向建构，成为教学支持服务机构面临的挑战。

哥伦比亚大学 Wiki 系统为每门课程提供了一个门户界面，以促使在线协作以及简单易用的网页出版。该Wiki系统是一个协作网站，使用户通过基本的 Word 风格工具可以增加、编辑及分享多媒体内容。具体内容包括：便捷的创建、链接、修正课程页面；使用熟悉的编辑工具来增加或者编辑文本和图片；融入 Web2.0 技术特征和服务包括 RSS、幻灯片、地图、书签、GoogleDocs 及 YouTube 视频；增加有用的网络资源的链接来推动课程，以提高团队成员之间交互和协作的能力和水平。同时，新媒体教学与学习中心还为每门课程提供一个课程博客（Blog）。Blog 系统可以通过日志格式来简便地分享课程内容，创建在线社区；熟悉的编辑工具使创建、更新和修改帖子更加便捷；每门课程Blog可以自定义界面、风格及功能以便满足具体课程目标。Blog 系统可以用来促进教室内外的课程讨论、引导学生反思、创建在线档案袋，以促进课程评价的客观公正。此外，CCNMTL 还为教学和学习提供视基于网络的视频分析和交流系统。该系统由视频编辑、注释及多媒体报告工具组成。学生可以使用视频交互工具通过编辑在线视频片段、注释他们的选择以及使用这些收集数据库中的资源来完成多媒体作业。

此外，利用各种系统平台，为教师和学生提供丰富的资源获取通道也成为教学支持服务机构的常见选择。哥伦比亚大学通过苹果 iTunes 商店发送哥伦比亚制作的教育内容给学生、教师及公众。这些讲座、研讨会或者重要事件的记录以声音和视频片段的形式呈现，可以随时便捷地下载到个人计算机、iPod 及 iPhone 等存储设备中；哥伦比亚 YouTube 系统给教师、学生和公众可以通过 YouTube 平台在线开放获取讲座视频、事件视频和流行的内容的通道；哥伦比亚大学提供给教师和学生记录课程内容，比如，讲座和演讲的视音频内容可以通过播客或者其他媒体形式来分发内容。

三、促进学生学习质量提升的学习过程质量保障功能

如前文所述，无论是大学生学习态度的调查还是满意度的调研，都具有时间上的迟滞性以及修正和反馈的间接性。课程学习之初的调查确实有助于教师了解学生的已有经验和知识技能基础，为教师教学方式、教学过程、教学手段及教学评价的开展提供了前期积淀。课程学习结束后的调查则有助于对教师教学进行评价，为下一轮的教学积累经验，起到借鉴作用。然而，这种方式却无法进入到教学和学习过程内部，在学生的学习过程中起到监督和保障的作用。如何及时发现学生学习过程中的问题和障碍，解决学生在学习过程中的遇到的态度、情感以及知识技能掌握中的困惑，成为提升学生的学习效能和教师的教学效能的关键所在。纵观当前高等教育发达国家大学教学支持服务机构对于保障学习质量提升的方式中普遍采用的是学业预警制度，而在教学信息化的推动下，学习分析技术的迅速发展也必将对学习过程的监督和保障起到重要的支持作用。

（一）利用信息技术构建学业预警平台

高校学生的学业预警制度和方式的提出则为学习过程的质量保障提供了新的思路和途径。运用信息技术手段，建立特殊的程序化预测、评价和处理机制，确保评价结果处于预警范围内的学生未来能够

顺利毕业，实时地通过学校、学生、家长之间的及时沟通和协作，发现和识别学生在学习和生活上的问题，对学生起到告知、警示作用，预防不良后果的产生构成了学业预警制度的主要功能。

学业预警制度的实现依赖于在线平台的搭建，主要的预警制度包括日常预警和学业预警。目前，华东交大学生学籍预警制度的日常预警指学生某一课程缺课次数达到三次及以上者，任课教师通知辅导员或班主任。在台湾地区高校中，日常预警分为期初预警、期中预警和期末预警三种方式。期初预警是针对前一学期超过1/3的课程成绩不合格的学生；期中预警是针对开学后第十一周前，期中考试成绩不合格的学生；期末预警是针对期末时1/3的成绩不合格的学生。这些学生名单都会提交给各个院系，由院系安排对学生进行辅导或者面谈，以提出共同解决方案。同时，这些学生家长还会收到院系寄出的“期初、期中、期末预警辅导记录表”，家长签字后，返还院系在教务处备份。而对于每学期开学两周内，在上一学期内所学课程考试未达到规定学分2/3的学生，给予学籍警告。学业预警系统的使用者主要涉及四类人群：学生、教师、助教和辅导员。教师和助教负责缺课登记以及课程分数的登录，辅导员则负责筛选和提取预警学生的名单，负责通知学生家长，和学生面谈以及联系教师进行单独辅导等工作，学生则可以使用自己的账号，查找自己的预警情况，及时获得反馈和提醒。

显然，学习预警制度的实施和执行能够使学生学业成绩的考核更加有据可依，也能使教师、辅导员、家长及时了解学生的学习状况，在学生在校学习的全过程中起到监督和保障的作用，并能针对成绩不佳的原因进行及时的分析和反馈，有效地采取各种措施帮助学生提高学习质量，使其能够成为一名合格的大学毕业生。

（二）学习分析技术

在有技术支持的学习的不断推动下，随着教学信息化进程的不断深入，各种智能化学习平台、课程系统的建立，在不断改进教育教学实践、提升学习效果的同时，也在一定程度上促进了高等教育质量的全面提升。然而，如何利用信息技术技术更恰切地支持学生的个性化学习、团队学习、研究性学习，如何对学生的在线学习过程进行监测以保证学习效果，如何对信息技术环境下的学习效果进行更加科学的评价，如何挖掘和利用学生在线产生的数据进一步促进学生的学习，对上述问题的关注，致使学习分析（Learning Analytics）这一技术正在成为当前促进学生发展的研究者与实践者高度关注的新领域。

学习分析是指通过对不同情境下，学生学习创造的大量数据的推断和收集来评价学习进步、预测未来成绩以及发现潜在的问题。因此，其数据的收集来自明确的学生行动，比如，完成任务和通过考试以及其他包括网络平台社会交互、论坛讨论以及其他活动。通过对数据分析的建模，有助于教师和学生实现其教学与学习目标以及学生学习过程的个性化问题的诊断。因此，学习分析的核心是收集和使用与学生学习相关的分析数据，目的是监控和理解学习行为以制定适当的干预措施，目标是促进教师和学校管理者根据学生的需要和能力的水平来提供个性化的学习支持。

学习分析的过程由五个要素构成：①数据收集：数据收集的过程需要使用各种方案、脚本以及其他方法来汇集数据。这些数据可能来自单一系统也可能是多种数据源。这一过程所形成的海量数据，要根据具体的项目目标，处理为结构化数据或者非结构化数据。②分析：非结构化数据往往在分析之前处理为某种结构。这些数据可以采用定量和定性相结合的方式进行分析，并将分析的结果以可视化的诸如表格、图表以及其他各种形式的媒体进行呈现。③学生学习：学生学习是学习分析区别于其他分析类型的核心目标。学习分析试图告知我们：学生在做什么、他们将时间花在什么地方、他们获取了哪些内容、学生学习的进展如何等方面的问题。④反馈：学习分析的结果可以提供给教师、学生及管理者。通常这三种人可以对学生的学习采取适当的干预。其中教师和学生是课程层次的干预，管理者则是院系、部门和机构层次的干预。如何收集数据，采用何种工具和方法进行分析要根据听众的不同而有所区别。⑤干预：进行学习分析的原因是要在个体、课程及部门或者机构层次采取适当的干预。因此，学习分析不仅仅是判定学生处于危险之中。更重要的是，通过学生课程学习产生的数据，可以观察学生在课程学习中的特定阶段和特定活动，为学生个性化学习和指导提供了可能。显然，学习分析揭示了学生学习过程中方法的使用、趋势以及相互关系。因此，有研究认为，高等教育中的学习分析的主要应用在于确定“危险”学生，以便他们可以受到关注而避免尤其是课程学习中的失败。当前已有的典型案例是 2007 年普渡大学的“信号项目”（Signals-Stop Lights for Student Success）。该项目致力于从 LMS、CMS 以及课程成绩簿中收集信息来产生危险学生的层次，分别用绿色、黄色和红色来表示危险等级，随后针对那些处于“危险”状态的学生进行有针对性的教育。截至目前，共有超过 11000 名学生受益于“信号项目”。与此同时，在学习分析过程中，通过对学习系统中数据的收集、分析和建模，学生可以结合学习分析报告了解自己学习中的缺点和不足；可以反思和回顾自己学习过程中的内容和困惑；并可以不断的优化自己与团队之间的联系与合作，成为学生自我评估、自我诊断、自我引导的重要依据。

此外，教学和学习效能是衡量和评价高等教育质量和水平的重要依据。然而，在具体的课程学习过程中，学生学习效能的评价往往在学期结束后采用考试评价或者提交课程论文的方式进行，这种简单的关注学生成绩的做法不仅具有很多弊端，也很难反映学生的真实境况，更重要的是，在实际操作中往往严重背离了教育应该促进学生成功的初衷和根本目的。在更加宏观的视角下，教育成效的测量中更多的是用学生的毕业率、考研率和就业率以及学生入学的分数等作为评价的依据。显然，采用学习分析的工具和方法，可以将学生在读期间的全过程以可视化的方式呈现出来，正如 Dawson 等所说的：如果能追踪学生个体的活动通过整个的学习生涯——从最初的入学，课程进展和最终毕业以及就业过渡，那么一个丰富的学生学习经历的画卷将会产生出来。同时，学习分析可以将先进的模型技术和学习成果评价相结合，以更好地理解学生，促进更高效、更有价值的教学、课程和支持。由此可以用来评价课程、项目和组织机构，这必将有助于现有的高等教育效能评价方式，帮助提供更加深入的分析，甚至可以用来促进更加激进的教学改革。

正由于此，提供对学生学习过程的质量保障和监控，对学生学习过程中遇到的问题进行个性化的分析和指导，利用学业预警制度和学习分析的相关工具和技术，教师可以获得学生的行为数据，可以更加有针对性地满足学生的学习需要，并根据学生学习中的具体问题，提供有针对性的建议和指导意见，必将促进学生学习质量的提升，进而促进学生的全面发展。

四、促进学生成长与发展的学习评价功能

加德纳认为，人的智力是多元的，除传统的语言和数理逻辑外，还有空间智力、节奏智力、运动智力、自我内省智力等。该理论提出的意义在于，每个人包括每个学习者都有不同领域的潜能，这些潜能

没有优劣之分。多元智能理论引入教学评价，则需要我们重新审视当前已有的教学评价的形式、内容、意义和价值。因此，改变传统教学评价方式，基于学生能力和性格所引起的学习上的种种差异，才能作出全面而综合的评价，进而“促进学生的优势智力向其他智力转化，获得智力的最优发展”。建构主义的兴起则进一步拓展了教学评价的视角和范围。建构主义者认为，学习者应该是基于情境的意义和知识的主动建构者，因此，学习是立足于已有的经验和心智模型基础之上的建构，因此，学习需要以学习者的兴趣和需要为出发点，培养学习者的主体性。此外，有意义的学习需要在会话和协商中完成，也只有有意义的学习才能形成学习者对内容的深层理解，正由于此，建构主义特别强调学习与思考过程中的反思以及团队成员协作的重要性。建构主义学习观的改变提出了新的教育评价的要求，“要发展每一个学习者的经验，创造每一个学习者的学习，就得洞察‘学习者的学习轨迹’，借以判断哪些是有意义的或有价值的经验。”

在多元智能理论和建构主义学习理论的推动下，20 世纪 90 年代开始，以美国为首的高等教育发达国家开展了一场轰轰烈烈的“教育评价改革运动”。传统的教育评价方式转变为档案袋评价（Portfolio Assessment）或者“学生成长记录袋评价”。档案袋评价关注随着时间的推移，学习者的成长和发展的历程，具体的评价则通过作业的选择、反思并结合学习目标和已有学业成就等开展自我评价和他人评价相结合的方式进行实施。学者巴莱特认为，电子档案袋应用电子技术，允许档案袋开发者以多种媒体形式收集、组织档案袋内容（音频、视频、图片、文本）。基于标准的档案袋采用数据库或超链接将标准（或目标）、典型作业和自我反思之间的关系清晰地显示出来。美国学者史密斯将档案袋分为以下四类：全套档案袋（dossier portfolio）、培训型档案袋（training portfolio）、反思型档案袋（reflective portfolio）、个人发展型档案袋（personal development portfolio）。因此，学生的学习档案袋应该是个人发展型档案袋，着力于收集显示学习者的努力与成果的作品，凸显学习者的经验、兴趣和过程中的疑问和思考，把握学习者的学习轨迹。台湾交通大学教学发展中心建立的学生 e-Portfoli。学习历程网借助学生课程学习相关资料，收集学生在校期间的成果作品、学习的心得体会以及校内外活动记录作为基础依据，同时，借助学生每年核心能力评价问卷产生的数据结果和指标的雷达图，判定学生学习轨迹、学习反思以及修正的过程，以有助于学生能更加清晰地认识自己，及早规划未来方向，成为申请学校和职业双向选择的重要依据。

电子档案袋评价将传统的一元化评价转变为评价者的多元化和评价内容的多元化，其优势在于有助于培养和建立学习者自我评价的能力和水平；反映学习者在真实的学习情境中开展学习活动的形成性评价；也有助于学生之间、师生之间、学校和家长之间以及学校和用人单位之间进行沟通和了解，增强相互之间的信赖。因此，电子档案袋对学生未来的人生事业规划、个人履历形成传播、学术计划、学术评价与鉴定以及个人反思具有重要的支持作用和价值。

综上所述，随着教育教学改革逐渐进入深水区，真正地建立以学生为中心的学习改革成为教学改革成败的关键所在，致力于提升学生学习效能，为学生提供课程辅导和咨询，提升学生的学习策略和技能成为信息时代教学支持服务机构的重要功能。此外，关注学生的成长和发展，为学生在校期间提供学习过程的监控和保障，及时发现学生的问题，有针对性地提出改进的建议和措施，进而促进学生的全面和可持续发展也构成了教学支持服务机构的基本职能之一。

第三章　我国大学教学支持服务发展的本土视野

第一节 我国大学教学支持服务发展的现实诉求

随着我国高等教育发展进入大众化阶段，高等教育质量成为近十年来高等教育领域的重大课题。多项旨在提升高等教育质量的国家战略也相继启动，并对全国的高等院校产生了广泛的影响。尽管如此，大学作为高等教育的主体才是决定和提升高等教育质量的关键力量。大学教学质量作为高等教育质量的核心也必然取决于大学自身对于本校教学的重视与支持。然而，我国大学教学支持服务的发展现状如何存在哪些不足……对于这些问题的回答有助于更好地促进我国大学教学的发展。在此基础上，探讨美国、英国、澳大利亚、加拿大大学教学支持服务实践对于促进我国大学教学发展的借鉴与启示有助于廓清中国大学教学支持服务实践的发展路向。

近十年来，我国政府对于高等教育质量的重视前所未有。然而，高等院校对于促进本校教学发展的努力却并不明显，教学管理、教学监控和教学评估依然是保障大学教学质量的主要理念和模式。

一、提升高等教育教学的国家战略

随着我国高等教育规模的不断扩大，“2005 年，高等教育的毛入学率已达 21%，普通高校招生 504 万人，是 1998 年的 4.7 倍，高等学校在学人数达 2300 万人，居世界第一”（杨东平 2006：1），“进入了国际公认的大众化发展阶段”（周济 2006）。在我国高等教育进入大众化阶段的时代背景下，高等教育质量备受关注。近年来，国家层面先后实施了多项致力于提升高等教育质量的重大的战略，直到高等教育强国战略列入《教育规划纲要》，标志着政府对于高等教育质量的重视达到前所未有的高度。

与此同时，全国性和省市级高校教师培训中心的建立是国家层面保障和促进大学教学发展的主要途径。教师培训作为提升大学教学的重要途径，在中国主要依托教育部高等学校师资培训交流中心和全国高校教师网络培训中心及其下属的六大区域培训中心（如教育部华东高校师资培训中心）和遍布全国的省市级培训中心（如江苏省高校师资培训中心）加以进行，以政府主导的短期集中培训模式成为中国大学教师发展的主要途径。虽然这一模式有利于优化配置教师培训资源，产生规模效应，但“集中培训难以照顾到不同院校教师发展的不同要求，缺乏针对性，更不能及时解决教师教学中遇到的困难”（潘愚元，罗丹 2007）。而且，“在培训项目中，很少涉及如何进行跨学科合作与知识整合、如何将教学与研究应用于实践与社会服务、如何把握教学与研究的创新等内容……大多数高校教师无法得到系统的支持与常规的督导”（范怡红，谭敏，2009）。由此可见，自“质量工程”启动以来，国家层面的诸多战略举措和多级高校教师培训机制确实在一定程度上促进了高等院校对于教学的发展，但其不足也是显而易见的。因此，有必要探索形成一套基于大学自身需要的长效教学支持服务体系以促进大学教学质量的持续提升，而不是“毕其功于一役”，仅仅依靠短期的集中培训和进修。

二、大学教学支持服务职能薄弱

尽管我国政府不仅启动了旨在促进高校本科教学的质量工程，而且形成了以政府为主导的高校教师培训体系，但高校内部又是以何种方式保障和促进本校的教学发展？这些方式有哪些优势和不足？为了在学校层次上认识和把握我国大学教学的发展机制，并对上述两个问题作出回答，本研究通过网络调查和定量统计方法对我国39所“985”

工程院校掌管全校教学的教务部门的职能进行了分析，以期揭示国内高校现有教学保障和促进机制的特征，进而探讨其教学支持服务的发展现状。

（一）研究样本及其选择依据

首先，由于“985”工程大学是我国高等教育的先锋力量，代表了我国高等教育教学的最高水平，因此通过对这些大学教学发展机制的考察足以管窥中国数百所高等院校教学支持服务的现状。其次，大学教务部门是负责全校教学的核心机构，其职能能够反映大学保障和促进教学发展的方式与方法。因此，本研究选取了“985”工程一期和二期的 39 所大学的教务部门作为研究样本，由于北京理工大学和国防科技大学教务部门的门户网站无法访问，加上已知中国海洋大学于 2007 年成立教学支持中心，北京大学现代教育技术中心于 2008 年开始本校的教学促进和教学工作，本研究最终确定了 35 所大学的教务部门作为研究样本。其中，浙江大学和中南大学专设本科生院负责本科生教学事务。

（二）研究方法

通过对样本大学教务部门门户网站的访问，获取教务部门的机构设置及其具体职能信息，然后对其进行编码统计，以揭示大学在促进教学发展方面的具体做法和分布特点。之所以选择对大学教务部门的职能进行分析，而不是看一所大学有没有专门的教学支持服务机构，是因为可能存在这样一种情况，即国内高校虽未设置国外大学那样的教学支持服务机构，但学校的教务部门却具有此项职能，因此本节最终以大学教务部门的主要职能作为分析单元。此外，大学教务部门的门户网站能够比较全面地反映高校在教学方面的职能，因而具有较高的信度，同时也可以反映高校在保障教学质量中所采用的方式与方法，因此具有较高的效度。

（三）研究结果

研究发现，35 所“985”工程大学教务部门（处）主要设有 12 种分支机构，分别负责教学研究科、教务管理科、教学质量科、实践教学科、教材管理科、学籍管理科、合作交流科、考试管理科、教育技术中心、招生办公室、基地管理科和综合管理办公室，各个科室的具体职能中，97.14%的大学教务部门设有教学研究科和教务管理科，大部分教务部门还设实践教学科（82.86%）和学籍管理科（62.86%），只有少数教务部门设有专门的考试管理科（17.14%）和招生办公室（22.86%），而综合管理办公室作为教务部门的行政中心所有大学的教务处都有专设。另外，还有部分大学教务处（14.29%）下属教育技术中心。事实上，很多大学的教育技术中心是独立建制的校级服务部门，与教务处没有隶属关系。综上可见，大学教务部门的职能几乎涵盖了大学本科教学事务的所有方面，但绝大部分职能都体现了教务机构对教学的管理职能，比如，教务管理、教材管理、学籍管理和考试管理，旨在为全校教学的顺利开展提供保障良好的运行环境。只有教学研究科、教学质量科和教育技术部门与学校教学的发展有着直接的关联。

三、教学管理与教学支持服务：两种不同的理念

尽管清华大学教务处也在其职能中明确提出“提供服务”，但从其宗旨“主管学校本科教学工作和实施教学管理的职能部门”来看，教学管理显然是其主要职能，而且其所提供的“服务”活动中，除了“全校教师培训”“教学质量评价”和“教学评奖”直接面向教师教

学外，“全校学生的注册运行、选课与成绩管理……教材建设”服务的管理色彩也比较浓厚。虽然，不能说清华大学的教学支持服务职能缺失，但与国外以及中国港台地区高校“教学支持服务”的内涵相比，还是比较薄弱的，后者不仅包含教学评奖、新任教师入职培训，而且建立了促进教师和研究生助教等目标群体教学能力发展的长效机制。这一点，较之国内大学一次性的教师集中培训更能保障大学教学的持续性发展。教学作为高等院校的一项系统工程，涉及学校教师、学生以及学校整体教学环境的方方面面，面对纷繁复杂的教学有关事务，需要相应的教学管理，如课程管理、教材管理和学籍管理都是必须的，但从促进教学发展的眼光来看，仅有管理难以很好地促进教学的发展，只有为决定教学质量和学习体验的直接相关者——教师和学生提供教学与学习相关的直接支持与服务才能促进教学的“发展”，而不只是教学质量的“保障”，只是将教学质量维持在一定的水平。尽管从广义的“支持服务”概念来看，教学管理在某种意义上也算一种教学支持或服务，但是从上述35所“985”大学教务处的具体教学管理职能来看，教学信息与教学事务的协调管理是其主要职能，旨在保障正常的教学秩序，而在促进教学发展方面比较薄弱。因此，从高校单一的教学管理模式向教学管理与教学支持服务相结合的模式转变更有利于促进大学的发展。

四、建立教学支持服务的长效机制

纵观代表中国高等教育教学最高水平的“985”工程大学的教务机构，作为掌管全校教学事务和影响教学质量的关键部门，教学监控与评估是其保障教学质量的主要方式。许多大学通过教学检查、教学评价、年终教学考核、优秀教师评选、教学信息收集、教学督导、教学事故处理和学生评教等形式对教学的各个环节进行监控和评估。教学监控和评估有助于保障教学质量，然而作为一种外源性保障机制，监控与评估却未必能提升教学的质量。换言之，教学的监控与评估往往是一种总结性评价，即对教学效果好坏、教师教学水平高低的评判，而不是以改进教学为目的。尽管很多高校在教务处设有名称各异的教学质量评估机构，如教学改革与质量办公室、教学质量监控与评估办、评估与质量管理办公室等，但“多以自上而下‘监督+控制’的方式”被动响应教育部研制的教学评估指标和要求，“具有比较明显的‘外缘性’，而在充分体现高校对教学质量的执着追求以及高校内生的、自主的特质方面则明显缺乏”（魏红，钟秉林，2009）。

调查发现，也有大学采用教学观摩和教育技术培训等方式直接促进教师教学技能的提高，但只是一些零星的教学服务项目，缺乏一种以促进教师教学能力发展为宗旨的教学支持服务职能设计。尽管许多大学新教师都有岗前入职培训，而上岗之后除了教学观摩这一提升教师教学能力支持方式外，随之而来的便是形形色色的教学监控、督导、评价和检查……尽管教师可能迫于教学评估的压力不得不想方设法提升自身的教学技能，但是如果学校没有提供相应的教学支持服务，如教学研讨会、教学技能工作坊、门特指导计划，那么教学监控评估之后的结果是教师只求教学达标，难以保持改进教学的积极性，更不会有追求教学卓越的强烈动机。这正是为什么教学支持服务能够提升教师的教学技能，促进大学教学的发展，而监控与评估却往往只会在一定程度上保障现有教学的水平，因为一旦评估结束，相应的教学改进动力或压力便会随之消失，教学又会处于一个相对滞缓的发展状态……因此，无论是短期的教学培训，还是暂时的教学监控和评估，既不能促进教师教学发展观念的根本转变，也不能促进教师教学能力的持续性发展，只有建立一套适应本校教学特点和需要的教学支持服务长效机制才能从根本上促进大学教学的发展和重教文化的形成。

“985”工程大学教学的最大优势在于其具有大量专业造诣颇深的高层次师资队伍，然而学科专业的科研水平和学术造诣并不等于高水平的教学。不可否认，深厚的学科背景是进行教学的基础，却不是决定教学质量的唯一因素。同时，教师的教学理念、教学设计、教学技能、课程评价、反思性教学实践和一定的教学理论也是影响其教学水平的重要因素。然而，这些方面的发展却并不是只有高水平的学术造诣或者短时间的教学培训就能掌握的，因此也需要大学建立相应的教学支持服务机制以促进教师教学能力的发展，实现学科知识与教学能力的整合，从而促进高校不同学科教学的发展。正如卡内基教学与学习促进基金会主席李·舒尔曼所提出的学科知识、学科教学知识、一般教学法知识、学习者知识、教育情境知识、课程知识和教育目的知识等教学知识分类，只有将学科知识与教学类知识结合起来，共同促进，才能创造教学的卓越。

综上可见，尽管国家层面不仅先后实施了多项高等教育战略旨在提升高等教育教学质量，而且建立了遍布全国的多级高校师资培训体系，但短期集中培训缺乏连贯性和针对性不强的不足也是显而易见的。高校层次却依然秉持教务管理、教学监控和教学评估为主导的教学质量保障模式，难以从根本上促进教学的持续性发展，因此，建立大学教学支持服务的长效机制遂成为中国大学促进教学发展的现实诉求。

第二节 我国大学教学支持服务实践的初步探索

随着政府部门对高等教育质量的重视持续升温，促进大学教学的发展已成为当前高等院校面临的时代课题。然而，中国传统大学制度中以教学管理、监控和评估为主的教学保障模式又难以满足教学发展的现实诉求，加上中国大学教学支持服务环节薄弱使得教学支持服务成为促进大学教学发展和体制创新的重要实践领域。在代表中国高等教育教学水平的 37 所“985”工程大学中，却只有海洋大学于 2007 年设立了专门的教学支持中心，北京大学现代教育技术中心于 2008 年提出明确的教学促进和教学支持职能。这两所大学也设有教务处（部），与上述 35 所大学的教务部门有着相似的职能，却依然设立了专门的教学支持中心或职能，用意何在？此举至少说明了两个问题：第一，中国大学教学支持服务职能比较薄弱，尽管也有零星的教育技术培训和教学观摩，但大多都是一次性的，缺乏连续性和持久性；第二，探索大学教学支持服务的发展之路已日渐成为中国高校促进教学发展的时代潮流，但依然处于初期摸索阶段。继海洋大学之后，首都经贸大学（2007）和南京师范大学（2010）先后成立了教学促进办公室和教学发展中心，南京大学陶行知教学中心，上海交通大学教学中心也在筹建当中……

一、研究问题与方法

为了对目前中国大学探索教学支持服务的初步实践有一个更加清晰的认识，进而形成今后大学教学支持服务的发展路向与战略选择，本节拟对以下两个子问题展开研究：

第一，中国大学教学支持服务日渐兴起的缘起与动因是什么？

第二，中国大学教学支持服务探索的成效如何？有哪些经验和不足？

鉴于目前国内仅有极少数大学建立了教学支持服务机构，而“985”高校中只有中国海洋大学（以下简称海洋大学）和北京大学设有相应的部门或职能，加上本章第一节中的研究也是以“985”高校为研究样本，为了确保研究样本的一致性，并便于对比讨论，本节选取海洋大学教学支持中心作为研究对象，对其进行个案分析。之所以选择海洋大学是由于海洋大学的教学支持中心是中国内地高校首家且有独立建制的教学支持服务机构，因此具有较高的代表性。本研究的有关数据资料来源于海洋大学的门户网站、政策文件和论文专著。

二、海洋大学教学支持中心诞生的背景与动因

要对海洋大学教学支持中心进行深入的个案研究与分析，首先需要廓清其产生的背景——海洋大学教学评估与督导制度发展演变的过程，才能在更深层次上理解其产生的缘起，进而探究其发展的动因及其所取得的成效。

（一）重教传统：海洋大学的课程教学评估与教学督导制度

目前，海洋大学已经形成了比较完备的课程教学评估与教学督导机制，这与其多年的实践探索是分不开的。海洋大学早在 1986 年就开始了本校的课程教学评估工作，历经三十多年的发展，产生了数百门优秀课程，为保障海洋大学的教学质量产生了很大的影响。1997 年，“为落实学校教学中心地位，提高教学质量，促进课程建设，加强师资队伍建设”（海洋大学教学评估工作细则，2011），海洋大学设

立了主管校长领导下的教学评估专家委员会，由学校教学评估专家常设委员会和教学评估专家组组成，该委员会在主管校长的领导下，旨在对学校的教学质量进行检查和评价。海洋大学教学评估专家委员会评估工作的要点和程序具体如下：

教学评估要点：海洋大学教学评估工作是对教师在某门课程的教学工作过程和水平的评估，在评估中教师的教学思想、教学态度、教学方法、教学水平及教学大纲、教案（讲稿）、教材是重点。评估做法包括组织专家随堂听课，检查教学大纲、教学日历、备课笔记、教材等有关教学文件；召开学生座谈会，听取被评估教师所在院系党政负责人和有关教师的意见，调查统计等（海洋大学教学评估细则 2011）。

2000 年 12 月，为了“加大对教学质量的动态监督、检察和考评的力度，强化教学秩序的管理，切实提高教学质量”（海洋大学，2011），海洋大学决定实施教学督察员制度。教学督察员制度是继该校教学评估专家委员会设立之后又一保障学校教学质量的重大举措。

在此基础上，2005 年又开始实施教学督导制，旨在对全校的教学工作进行监督、检查和指导。教学督导的管理与协调工作由海洋大学高教研究与评估中心（原高教研究室）下属的督导室具体负责。不久，该校又出台了《中国海洋大学党政领导干部和教学管理人员听课的规定》，旨在使“学校各级领导干部和教学管理人员了解掌握教学工作的整体情况，发现并解决课堂教学、教学设施和教学管理等方面存在的问题，稳定教学秩序，强化教学管理，提高教学水平”（海洋大学，2011）。与此同时，海洋大学的各项教学管理规章制度也不断完善，既加强对教学事故的严肃处理，又大力表彰优秀（于志刚，宋文红，李巍然，马勇，2009）2003 年，教育部本科教学水平工作评估自启动以来，海洋大学随之成立了由该校评建小组领导的本科教学水平工作评估办公室。随后，海洋大学又相继颁布了《中国海洋大学本科教学章程》和《本科教学事故认定与处理办法》，对教学的各个环节及教学事故有关事宜作出了明确的规定和要求。同时，该校还实施了“教学拔尖人才‘评选’制度”，并设立了“课程教学卓越奖”和全校教学的最高荣誉——本科教学优秀奖，2008年还与企业联合设立了“LG电子”中国海洋大学课程教学卓越奖，旨在“奖励在课程教学方面成绩突出的青年教师”，以激发教师的教学热情，促进教学的发展。

综上可见，海洋大学自20世纪80年代便开始了对教学质量保障的初步探索，经过多年的发展演变，于21世纪初形成了以课程教学评估与教学督导制度为主导，以教学评估专家委员会、高教研究与评估中心和本科教学水平工作评估办公室为依托的校内教学质量保障体系，体现了海洋大学对于教学的重视。这种鲜明的重视教学的传统为后续教学支持中心的诞生奠定了基础。同时，也不难看出以教学评估和督导为主是这一教学质量保障机制的显著特征。这与本章第一节中对于“985”高校教学质量保障机制的研究结论是基本一致的，即教学管理、教学评估和教学督导是目前高校中最为普遍的教学质量保障方式。值得注意的是海洋大学与企业界联合设立教学奖项的做法是整合工商企业力量共同致力于大学教学发展的有益探索，也再次印证了加拿大高等教育教学与学习协会在20世纪80年代联合3M加拿大集团推出全国高等教育领域最高教学荣誉——加拿大3M教学名师奖的“校企联合教学促进模式”的价值与意义。

（二）内在需求与外部影响：教学支持中心诞生缘起与动因

海洋大学教学支持中心作为中国内地高校首家教学支持服务机构，其诞生的缘起既有现实的偶然性，又体现了教学支持服务机构扎根中国的历史必然性。

在海洋大学有关领导的重视与推动下，以该校高教研究与评估中心牵头，联合教育系、教务处、人事处、图书馆等从事教育研究、教学管理和服务的部门负责人与教师成立了一个专题项目组对教学中心有关的问题进行了研究分析，最终形成了一份《关于成立教学支持中心的报告》提交学校，经海洋大学校长办公会和学校常委会多次讨论，最终批准成立教学支持中心。2007 年 8 月，在海洋大学接受教育部本科教学水平工作评估期间，教学支持中心正式挂牌成立，以“致力于中国海洋大学教师教学水平的提高，为学校人才培养质量的提升提供制度化的支持和保障”（海洋大学，2008），由海洋大学高教研究与评估中心负责人担任主任，副主任分别由高教研究与评估中心副主任、人事处副处长兼师资办公室主任、教务处副处长兼数字课程资源中心主任三人担任。该中心成立后，“赢得了教育部评估专家的极大肯定”（海洋大学校报 2008）。

首先，从海洋大学教学支持中心诞生的过程来看，学校决策层对于国外大学教学支持服务机构设置的敏锐性和前瞻性是其最终进入海洋大学教学发展议程的首要动因。这一点也在首都经贸大学教学促进办公室的产生过程中得到了印证。足见学校决策层重视与支持对于教学支持服务机构创建的重要性。其次，海洋大学“在评估建设中发现，学校对教师更多的是问责，缺少‘教育支持’的属性”（中国海洋大学学报，2008）。可见，海洋大学以评估和督导为主的校内教学质量保障机制已经显现出其弊端，只有提供教学支持服务才能弥补这一机制的不足。教学支持职能的缺失由此成为教学支持中心产生的又一现实动因。再次，海洋大学选择在教育部本科教学水平工作评估期间挂牌成立教学支持中心，好评如潮，得到了“走在了国内高校的前列”、“彰显出勃勃生机与活力”、“在国内起到了带动作用，走出了一条教师能力提高的新路”等（中国海洋大学学报，2008）肯定性评价，不难推断，本科教学评估也是促使教学支持中心创建的又一现实原因。最后，国外大学发展比较成熟的教学支持服务机构的影响也是推动海洋大学、首都经贸大学等高校建立中国内地首批大学教学支持服务机构诞生的重要力量。2010 年 11 月，美国首家密歇根大学学习与研究中心主任康斯坦斯·库克（Constance Cook）访问上海交通大学期间，应邀帮助该校创建教学与学习中心（上海交通大学，2011）。

由此可见，学校决策层的重视和原有教学质量保障机制教学支持职能的缺失是海洋大学教学支持中心诞生的内在动力，而本科教学评估和国外大学教学支持中心的影响则是促使其产生外部动因。不仅是海洋大学，首都经贸大学教学促进办公室的创建和上海交通大学的筹建，同样印证了大学教学支持服务的国际经验和学校领导层的重视是教学支持服务实践近年来在中国内日高校逐渐兴起的外部力量，也初步表明，借鉴国外大学教学支持服务的实践经验是可能的，也是可行的。

除了上述直接动因外，教学支持服务在中国大学生根、发芽的深层原因是什么？为什么在短短几年内，教学支持服务在国内大学表现出如此强劲的生命力？这种生命力来自于一种需求，一种强烈的教学发展需求。一方面，教师作为影响教学质量的决定因素有改进教学的原初动力另一方面，随着高校教学监控与评估机制的不断增强，进一步挤压了教师的这一需求。而传统的教学评估机制又难以有效地释放这一需求，从而为旨在为教师提供教学改进支持与服务的教学支持服务机构创造了条件。另外一种需求来自高校，即学校自身作为高等教育机构有着提升教学质量的本原动力，而在本科教学评估等外部力量的挤压之下，使得这一需求进一步增强，加上国外大学的“顺水推舟”，中国大学的教学支持服务机构遂应运而生。正是源自大学和教师的两种内在的教学发展需求，加上高校教学支持服务职能的缺失、学校决策层的重视、本科教学评估和国外大学经验的影响，最终导致了教学支持服务实践在中国内地高校的产生与兴起。

三、海洋大学教学质量保障机制的共轭效应

海洋大学教学支持中心成立后，在本校教学支持服务方面进行了有益探索，促进了本校教学质量保障机制的完善，初步形成了教学支持服务的一些成功经验，但依然存在一些局限和不足。

教学支持中心的成立进一步完善了海洋大学的教学质量保障机制，“在以评估、督促、检查为轴心的质量管理流程中并入指导、支持、服务的流程”（于志刚，宋文红，李巍然，马勇，2009），形成了由课程评估、教学督导和教学支持构成的“具有‘共扼效应’的教学质量保障机制”（于志刚，宋文红，李巍然，马勇，2009）。海洋大学这一教学质量保障机制的核心组织机构是海洋大学的高教研究与评估中心。该中心下属的课程教学评估办公室在主管校长和学校教学评估专家常设委员会的领导下开展课程教学评估工作；其下属的教学督导办公室在主管校长的领导下，“负责教学督导的组织、管理和服务工作”，而该中心下属的高等教育发展研究室则担负高等教育研究的职能，并为本校的发展提供研究支持和咨询。可见，教学支持中心的成立有效地弥补了海洋大学之前只重视课程评估和教学督导的不足，形成了一个在教学发展职能上比较完备的质量保障机制。

海洋大学教学支持中心成立后，“致力于整合学校丰富的教学资源，协助教师改进教学方法、分享教学经验，并探索建立合理可行的教学指导制度与科学的教学评价制度，营造教学及其质量文化，日益凸显了为教师发展及其教学质量提高提供服务和支持的职能”（中国

海洋大学校报 2008）。为了实现这一目标，海洋大学教学支持中心先后：通过以讲座和咨询形的式举办了“新增教师入校教育”和“新增人员入校教育”活动，旨在帮助新增人员“适应学校环境、转变角色和投入工作”；通过教学督导对首次开课教师进行随堂指导；通过教学评估中产生的优秀课程资源进行教学观摩，促进青年教师课堂教学质量的提高：“请督导为有需求的学院教师的课堂教学进行个别指导，与学院教师就教学问题进行座谈和研讨、合作开展教学研究等”（中国海洋大学校报，2008）。此外，教学支持中心还通过召开教学研讨会的形式促进本校教学发展，比如，2008 年，该中心联合教务处和文史哲教育中心举办了两次通识课程建设研讨会。由于海洋大学在教学质量保障方面的卓越探索，2009 年，该校创建“评估—督导—支持”三位一体的教学质量保障新模式的探索成果获第六届高等教育国家级教学成果二等奖。由此可以管窥教学支持中心的创建对于海洋大学教学质量保障所取得的显著成效。

四、海洋大学教学支持服务实践的经验与局限

第一，从海洋大学教学支持中心创建以后海洋大学教学质量保障机制的发展以及该中心所开展的各项活动来看，该校教学支持服务实践最大的成功之处在于其实现了教学支持服务职能与原有教学评估与督导职能的整合，弥补了以评估和监控主导的教学质量保障方式的不足，探索形成了一套具有自身特色的教学质量保障机制。第二，在职能结构上，拓展了原有高教研究与评估中心的职能，由该中心统一负责全校的教学评估、督导和支持服务，有利于发挥教学评估、督导和支持三种职能的整体效能。第三，海洋大学原有的高教研究室演变为今天的高教研究与评估中心，有效地整合了高教研究、学校发展咨询、课程评估、教学督导和教学支持服务等职能，有利于更好地发挥

高教研究部门在高校发展中的作用，也为遍布于国内各大高校的高等教育研究机构的发展提供了借鉴。第四，由高教研究与评估中心主任主持教学支持中心，人事处师资办和教务处数字课程资源中心有关负责人兼任副主任的人事机构，有助于加强学校有关教学部门之间的协作，整合校内教学资源，提高资源利用率。

尽管如此，海洋大学的教学支持服务实践中依然存在一些不足。第一，课程评估与教学督导依然是该校教学质量保障机制的主体，无论是从组织机构设置，还是人员构成来看，教学支持服务还只是处于补充地位，事实上未能确立教学支持与课程评估、教学督导同等重要的地位。这一点从该校“教师自我发展需求—主动申报评估—学校给以支持和指导—教学能力得以提高”（于志刚，宋文红，李巍然，马勇 2009）的评估新机制也可见一斑。第二，从海洋大学教学支持中心的服务对象来看，教师是其唯一的服务对象，尚未涉及未来可能在高校从事教学工作的博士研究生群体，至于研究生助教的教学，由于国内教学助理制度发展不成熟，也难以提供支持。第三，从该中心组织的教学支持活动来看，以原有课程评估和教学督导为基础的优秀课程录像观摩、教学督导的随堂指导、讲座报告、专题研讨是其主要的教学支持方式，活动形式比较单一，间歇性较大，尚未形成提供常规教学支持服务运行机制。第四，由高教研究与评估中心、教务处和人事处多个部门同时兼职领导教学支持中心有助于整合资源，但同时也存在教学支持服务职能被边缘化的危险。从大学教学支持服务实践的国际经验来看，教学支持服务机构负责人从兼职走向全职是一个比较普遍的发展趋势。多伦多大学教学支持与创新中心主任凯伦·洛尔海瑟曾一度兼任该校安大略教育研究院副院长，后来由于难以兼顾，遂主动请辞副院长一职，全职负责全校教学支持服务事务。可见，以全职领导为主，兼与学校其他部门之间的密切合作，是大学教学支持服务机构的必由之路。

通过上述对中国内地高校教学支持服务初步探索的考察和对海洋大学教学支持中心的个案研究，得出如下结论：第一，大学教学支持服务实践在中国高校的萌芽与勃兴已成为中国高等教育教学未来发展的必然趋势，而积极探索大学教学支持服务的发展之路也日益成为国内高校促进教学发展的时代潮流。第二，中国大学教学支持服务实践的初步探索缘于国内高校过于强调教学保障机制的评估与督导职能，教学支持服务职能有待加强的现实诉求，加上国外大学的影响、学校决策层的重视和教育部本科教学水平工作评估的推动，直接导致了教学支持服务在中国高校的萌芽。而深层的原因在于教学评估挤压之下，高校自身和大学教师原有提升教学的意愿和需求进一步加剧，从而使大学教学支持服务成为大势所趋。第三，中国大学的教学支持服务可以在原有的以教学评估和督导为主的教学质量保障机制上进行相应的职能和资源整合，以提升教学促进的整体效能，但同时还需要在组织结构和人员构成上提升教学支持服务部门的地位，而不仅是教学评估与督导机制的补充，从根本上促进教学的“发展”，而不只是“保障”。第四，现阶段，国内高校教学支持服务的主动性不够，服务对象和形式比较单一，尚未形成常规性教学支持服务机制。

第三节 我国大学教学支持服务发展的路向选择

从 1961 年澳大利亚墨尔本大学首创“大学教学项目”，到 1962 年美国密歇根大学创建全球第一个教学支持服务机构——学习与教学研究中心不到一年，到 1965 年英国伦敦大学创立全英第一个教学支持服务机构——大学教学方法部仅仅四年，到 1969 年加拿大麦吉尔大学建立本国第一个四年制大学的教学支持服务机构——学习与发展中心也只有八年的时间，到 2007 年海洋大学成立中国内地高校首家教学支持中心却长达四十多年……四十多年，不仅是教学支持服务实践与研究领域之间的差距，更重要的是四十多年间，可能丧失了促进大学教学发展的许多机会。因此，无论是教学支持服务领域四个代表性国家——美国、澳大利亚、英国和加拿大大学教学支持服务演进发展的历史研究和国际比较研究，还是加拿大宏观层次 21 所大学教学支持服务机构的横向比较分析，中国“985”高校教学支持服务的发展现状分析，或者是对多伦多大学教学支持与创新中心和海洋大学教学支持中心的个案研究都将为中国大学教学支持服务实践的未来发展路向提供可资借鉴之处。

一、转变教学质量观：从教学保障到教学发展

要提升国内高校的教学质量，最根本的是要实现从以教学评估和督导为主的“教学保障”质量观向以教学支持服务为主的“教学发展”质量观的转变，即从强调外部评估保障教学质量转向满足教学发展需求提升教学质量，从以评估、督导方式迫使教师保障教学质量转向以

支持服务方式“转变教学、促进学习”（萨省大学，2010）。大学教学支持服务机构的创建与发展则有助于这一观念的转变。

从上述有关“985”工程大学教务处机构设置的关键词来看，“教学监控”“教学评估”“教学管理”和“教学督导”等关键词出现的频次较高，而在加拿大大学教学支持服务机构名称和使命的关键词频的统计中，“教学”“学习”“支持”“服务”“发展”“引领”和“提升”等词多次出现。由此，或许可以管窥中外大学两种重心不同的教学质量观。国内高校更强调教学外部监管，通过外部压力迫使教师保障教学质量，而国外大学则更强调教学的内在发展，通过对教学的支持服务达到促进教学发展的目的。“教学保障”与“教学发展”尽管只有两字之差，但意义却相差深远，由此产生了两种不同的教学质量观。教学质量观的转变并非一朝一夕，但大学教学支持服务的组织化与专业化却必然地促进这一观念的转变。需要说明的是，“教学发展”质量观并不排斥教学评价，只是以发展为目的的质量观更强调教学的支持服务，而教学评价、课程评价也是教学支持服务的重要方式。比如，多伦多大学教学支持与创新中心研究形成的课程评价框架（Course Evaluation Framework）就是支持本校教学发展的一个重要方式。而海洋大学的教学支持中心隶属于高教研究与评估中心，虽然只是一个组织结构，但教学支持作为该校课程评估和教学督导机制的补充地位却显而易见。从这个意义上讲，海洋大学所秉持的依然是以教学评估和督导为主的“教学保障”质量观念。因此，转变教学质量观是我国高等院校解放教学评估思想，促进大学教学发展的根本。

二、制度创新：大学教学支持服务的组织化与专业化

要弥补国内高等院校教学支持服务环节薄弱的不足，转变现有大学教学质量保障机制为发展型教学促进机制，首先需要进行制度创新，

创建大学教学支持服务机构，建立教学支持服务的长效机制，实现大学教学支持服务的组织化和专业化，突破传统大学制度仅有教学管理、教学评估和教学督导职能的局限。教学支持服务的组织化与专业化是提升教学支持服务品质和效能的重要方式。

纵观美国、澳大利亚、英国和加拿大四国大学教学支持服务的发展历程，形成专事大学教学支持服务的机构是推进教学支持服务组织化的关键一步，也是在制度上保障教学支持服务的持续性和常规性的重要方式。国内大学普遍设有管理全校教学事务的教务处和专事教学监控与评估事务的教学质量评估部门，确保了高校教学管理和教学评估职能的实现，因而要保障大学教学支持服务职能的顺利实现，创建专门的教学支持服务机构是一种必然选择。一方面，专门的教学支持服务机构的建立可以促进大学教学文化的形成，特别是在具有深厚科研传统的研究型大学成立教学支持服务机构，尝试教学支持服务的组织化创新，有助于教学地位的上升，进而平衡教学与科研两种文化；另一方面，教学支持服务的组织化程度越高，其专业化水准也就越高，教学支持服务的品质也会随之提高，当然，更有利于促进大学教学的发展。试想 1961，年澳大利亚墨尔本大学若只是创立了“大学教学项目”，遂任其自生自灭，也许就不会有后来对该校教学支持服务作出重要贡献的高等教育研究中心诞生。该中心的成立就是墨尔本大学教学支持服务走向组织化和专业化的重要里程碑。

三、政府介入：推进大学教学支持服务机构创建

现阶段，要创新国内大学制度，推进教学支持服务的组织化进程，仅仅依靠高校自身是不够的，政府的介入将有助于推进大学教学支持服务机构的建设。这也是短时间内提升国内大学教学支持服务层次和水平、促进大学教学发展、弥补国内外教学质量差距的重要途径。当

然，政府的介入并不是指政府对高校的行政干预，而是通过设立教学支持服务基金和优秀大学教学支持服务中心评选资助等方式推动高校加快建设本校教学支持服务机构的进程。

目前国内数百所高校，却只有屈指可数的几所大学建立了教学支持服务机构，创建最早的至今也不过四年，原因何在？大学教学支持服务在以美国、英国、澳大利亚和加拿大四国为首的西方世界有着悠久的历史，而且在全球各地表现出了强劲的生命力，包括中国香港和台湾地区，为何在中国内地却发展如此缓慢？反观中国内地成立最早的两个大学教学支持服务机构——中国海洋大学教学支持中心和首都经贸大学教学促进办公室，它们的创建都缘于学校领导层出访国外大学期间，偶然发现国外大学的教学支持服务部门是个好东西，而且可喜的是这几位有远见的校领导很快地捕捉到了这一中西方大学制度的显著差异，并随即将其纳入自己所在大学发展的行动计划，付诸实施。其中以首都经贸大学 2006 年成立教学促进办公室最为典型，筹建期间，校方曾率团二访多伦多大学教学促进办。显然，如果仅仅依靠这种偶然性和学校领导的“垂青”，中国数以百计的高校何时才能走完教学支持服务的组织化进程？毕竟，文魁校长只是一个特例。相信在海洋大学和首都经贸大学校领导之前也有国内高校领导发现了国外大学的教学支持中心，然而什么也没有发生。

同时，由于大学自身作为“象牙塔”具有一定的保守性，如果没有外部压力的推动，要在短时间内完成大学教学支持服务的制度创新是不太可能的，即使半个世纪的教学支持服务发展史和中国大学近年来的富有先导意义的有益探索已经证明教学支持服务乃大学教学发展的必须。如果不是 2003 年教育部本科教学水平工作评估又有几所大学设有专门的教学评估机构？正是在教学评估压力的挤压之下，才促成了高校教学评估的组织化，甚至海洋大学教学支持中心的创建也与本科教学评估的影响有关。而且，从历史上看，20 世纪 60 年代，美国、澳大利亚和英国大学教学支持服务机构的创建的直接动因也是外源性的，即当时大学生对于大学教学的不满而引发的学生运动。2004 年，英国政府投入 3.4 亿英镑在高等院校建立了 74 个教学与学习卓越中心和 24 个学科教学支持中心，外加 1 个通用教学支持中心，从而形成了一个遍布全英的教学支持服务网络，极大地促进了英国高等教育教学的发展。显然，英国的这项超级教学发展战略，并非随意而为，而是经过了深思熟虑的。因此，政府介入，推进我国高校教学支持服务机构的建设，加快大学教学支持服务的组织化进程是高等教育教学发展所必须的，也是可行的。

四、信息技术：大学教学支持服务组织变革的有力杠杆

尽管国内高等院校教学支持服务机构的创建才刚刚起步，但教育技术中心或数字化课程资源中心等负责全校数字化教学资源管理、建设和支持服务的机构却在高校普遍建立。与此同时，信息技术已成为推进信息时代大学教学支持服务组织变革的有力杠杆和提升教学支持服务绩效的重要选择。因此，对于国内高校的教学支持服务实践而言，一种可能且有效的方式是拓展原有教育技术部门的职能，增加教学支持服务职能，可谓“一步到位”，既满足了大学教学发展的需要，同时也实现了新的教学支持职能与原有教学技术服务职能的有机整合。

无论是美国、英国、澳大利亚三国大学教学支持服务的发展史，还是目前加拿大大学教学支持服务机构的普遍特征，乃至多伦多大学教学促进办公室与学术技术与资源中心的整合史，都雄辩地说明：“信

息技术是推进大学教学支持服务组织变革的有力杠杆”。这也是信息时代全球大学教学支持服务机构发展的必然趋势。如前所述，在对加拿大大学教学支持中心的研究中发现，全部 21 个教学中心均有教育技术支持职能，归纳起来包括六类教育技术，分别是：数字化学习技术，如学习内容管理系统、分布式学习系统、在线课程、远程教育和交互协作技术等；教学评价技术，如电子档案袋；教学辅助技术，如课堂应答系统；学术研究支持技术，如剿窃检测系统；新技术探索与应用，如 Web2.0 技术；教学设计与开发技术可见，教育技术服务与教学支持的融合统一已成为目前高校教学支持服务机构的一个基本事实。

为什么 20 世纪六七十年代这一趋势并不明显呢？当时许多大学的视听教学部和教学支持中心分而治之，互不干涉。直到后来，特别是 20 世纪 20 年代以来，随着以计算机技术和互联网技术为核心的信息技术浪潮的兴起，高等教育也遭遇到巨大的冲击，高等教育信息化趋势日益发展，最终使得信息技术在高等教育机构扮演着越来越重要的角色，以至于许多大学设立专门掌管学校信息化的部门，比如，多伦多大学于 2008 年设立的 CIO 办公室，由此导致了传统大学制度的深刻变革。正是伴随着信息技术与高等教育融合的不断深入，负责全校教学发展的教学支持服务机构也面临空前的挑战，为了应对信息技术的挑战，实现教学支持服务与教育技术的职能整合与机构整合遂成为大学教学支持服务机构普遍选择的一种路径。美国德克萨斯大学奥斯汀分校现在的教学创新与评估部就是在整合原有教学绩效中心、教学技术中心、评价与测量中心的基础上建立的，工作人员达 90 名之多。北京大学的教学支持服务正是采取了这一组织结构，由该校的现代教育技术中心承担“教学促进与支持”职能。这一组织模式最大的弊端可能在于国内高校教育技术中心一般具有浓厚的技术色彩，更强调对教育技术的支持与服务，因而可能在教学技能、教学方法、课堂管理和反思性教学实践等的支持方面有所欠缺，忽视教师教学发展的内在需求。

五、引领示范：形成一批卓越的大学教学支持服务中心

面对国内高校教学支持服务尚处于起步探索阶段的发展现状，首先发展形成少数卓越的大学教学支持中心不仅可以为本校提供高品质的教学支持，还可以对其他高校教学支持服务的发展产生引领示范作用。

从历史上看，1969 年加拿大首个四年制大学教学支持服务机构——麦吉尔大学学习与发展中心（以下简称麦吉尔中心）的发展便受到隔湖相望的美国密歇根大学学习与教学研究中心的重要影响。麦吉尔中心成立后，先后从密歇根大学学习与教学研究中心聘请了查尔斯·帕斯卡尔和乔治·盖斯等教学支持服务领域炙手可热的人物，帕斯卡尔后来主持了加拿大著名的安大略省大学教学发展项目，旨在为全省的大学提供教学支持服务，盖斯后来执掌麦吉尔中心多年，使该中心成为加拿大首屈一指的大学教学支持服务机构。麦吉尔中心的创建与发展也对加拿大其他高校的教学支持服务产生了引领示范作用，比如，在麦吉尔中心工作多年的潘特里西亚·柯南顿后来在布洛克大学创建了教学发展办公室，为学校教学提供支持服务。由此可见，大学教学支持中心之间的相互影响带动也是促进大学教学支持服务实践发展的重要因素。因而，通过优先发展一批高水平教学支持服务中心带动全国高校的教学支持服务发展是尽快完善我国大学教学支持服务职能，加快教学支持服务组织化和专业化进程的重要途径。

六、教育研究者与教育学院引领大学教学支持服务实践

教育研究者与教学实践者是引领大学教学支持服务发展的主要力量，发挥教育研究者和教育学院在教学支持服务中的引领作用是促进中国高校教学支持服务专业化的重要方式。

从历史上看，大学内部的教育研究者和教育学院是引领大学教学支持服务实践的主要力量。早在1961年，芭芭拉·弗克在澳大利亚墨尔本大学的教育学院首创“大学教学项目”，弗克本人则担任教育学院讲师，有教师培训的经历。1965年，在英国高等教育界享有盛誉的教学方法专家鲁斯·贝尔德在伦敦大学教育研究院创立了英国第一个教学支持服务机构——大学教学方法部。在对加拿大大学教学支持服务机构负责人的专业背景研究时发现，75%的负责人具有深厚的教育研究或卓越的教学实践经历，87.5%的负责人具有博士学位，而且以教育领域的博士学位为主，如高等教育、成人教育、教育政策、教育心理、教育技术和远程教育等学科领域。再从多伦多大学教学支持服务机构两任负责人肯尼斯·巴特莱特和凯伦·洛尔海瑟的背景来看，前者是该校杰出的教学创新者，而后者则是教师教育领域的专家，还是安大略教育研究院的副院长。由此可见，教育研究者、杰出的教学实践者和教育研究机构是引领大学教学支持服务发展的主导力量。

中国许多高校设有教育学院（系）、高等教育研究所或类似机构，无论是在多科性综合性大学，还是单科性大学。因此，可以有效发挥这些机构及其教育研究者在本校教学支持服务实践中的作用，实现教学支持服务职能与这些机构职能的整合。国外大学教学支持服务发展的历史表明，组织化的教学支持服务往往源于零星的教学发展项目。因此，在中国高校教学支持服务实践的初期阶段，依托大学教育科研

部门或教育学院开展教学支持服务是一种经过历史检验的发展路径。

七、服务多样与对象多元：提升教学支持服务的品质

品质就是发展，提升大学教学支持服务的品质是促进高校教学发展的重要基础，而教学支持形式的多样化和服务对象的多元化则是提升教学支持服务品质的根本。从目前我国高校以教学观摩、随堂指导、讲座报告和入职教育为主的教学支持形式逐渐拓展到经常性的教学专题工作坊（如教学技能、课程评价、课程大纲和教学档案袋等）、门特教学指导计划、同济咨询、教学话剧和专项教学发展计划（如大学教学证书计划）等多种形式。同时在服务对象上，则应打破现有的只为教师提供教学支持服务的陈规，为将来在高校从事教学工作的博士生也提供相应的教学支持服务，以提升其教学能力。

国外大学教学支持服务的多样化可谓形形色色，几乎深入到大学教学的方方面面。这一点从上述有关加拿大大学教学支持服务形式的研究中就可见一斑。至于教学支持服务对象，国外大学的教学支持服务机构普遍为本校教师和研究生提供教学支持，有的还为博士后人员和管理者提供相应的支持。譬如，加拿大不列颠哥伦比亚大学教学、学习与技术中心就向教师、研究生、博士后和院系领导提供支持服务，其中前三者主要是提供教学支持服务，而院系领导则是提供学术领导力发展方面的支持。不仅如此，该中心还将针对不同类型的教师，如新教师、终身教职前教师（尚未获得终身教职）和获得终身教职的教师，提供个性化的教学支持服务。显然，与之相比，中国大学的教学支持服务尚处于初始阶段，仍需要扩展服务形式和服务对象，并针对不同对象提供相应的教学支持和服务。这是提升我国高校教学支持服务品质的必然选择。

八、构建“学校—院系—项目”三级教学支持服务体系

“学校—院系—项目”三级教学支持服务体系的构建是促进大学教学系统变革的可能途径。要充分发挥教学支持服务机构对于促进大学教学发展的作用，高等院校教学支持服务机构就需要在学校——院系和项目三个层次上提供教学支持服务，即在学校层次上影响教学政策的制定；在院系层次上通过教学发展项目合作、咨询支持；在项目（计划）层次上为教师提供基于具体教学问题的一对一咨询和专题工作坊等形式的服务促进大学教学整体的发展。与此同时，在条件允许的情况下，部分院系可以设立基于自身学科专业特点的教学支持服务部门，以弥补校级支持机构的不足，从而实现学校层次教学支持与院系层次教学服务的有机耦合。一方面，基于学校、院系和项目三个层次的教学支持服务体系有助于扩大教学支持服务的影响，引起全校师生、管理者对于教学的重视，从而形成一种浓郁的重教文化；另一方面，三个层次的教学支持服务更容易产生联动效应，促进教学的深层发展。这一点在多伦多大学以校级教学支持和创新中心和院系教学支持服务机构（如罗特曼教学绩效中心和安大略教育研究院的教学支持办公室）形成的双层互动教学支持服务模式中最为明显。正是在学校、院系两级教学支持部门和“学校——院系——项目”三级教学支持服务体系的总体推进下，多伦多大学的教学质量得到了进一步提升。因此，构建“学校—院系—项目”三级教学支持服务体系是促进我国高校教学系统变革与发展的可能走向。

大学教学支持服务的发展历史和国际经验为中国高校开展教学支持服务的实践探索提供了借鉴和启示，结合国内大学教学支持服务的初步探索，本节提出并论证了通过大学教学支持服务促进高校教学

质量提升的若干发展路向：第一，提升国内高校的教学质量，最根本的是要实现从以教学评估和督导为主的“教学保障”质量观向以教学支持服务为主的“教学发展”质量观的转变；第二，要弥补国内高等院校教学支持服务职能的不足，就需要进行制度创新，创建大学教学支持服务机构，建立教学支持服务的长效机制，实现大学教学支持服务的组织化和专业化，突破传统大学制度仅有教学管理、教学评估和教学督导职能的局限。

作为“大学教学支持服务体系研究”的“本土研究”部分，本章运用内容分析方法和个案研究方法从本土视野对国内高校教学支持服务的发展现状与局限进行了研究与探讨，主要得出了以下结论：第一，教学支持服务实践是中国大学教学未来发展的必然趋势，而积极开展教学支持服务的实践探索也日益成为国内高校促进教学发展的时代潮流。第二，国内高校依然秉持以教学管理、教学监控和教学评估为主导的教学质量保障模式，大学教学支持服务职能比较薄弱。创建大学教学支持服务机构，建立教学支持服务的长效机制，是实现我国高校教学支持服务组织化和专业化，进而从根本上促进教学持续性发展的必由之路。第三，中国大学教学支持服务兴起的根源在于教学评估挤压之下，高校自身和大学教师提升教学的需求进一步迫切。同时，由于国外大学的影响、学校决策层的重视和教育部本科教学水平工作评估的推动，最终导致了大学教学支持服务在中国的萌芽。

第四节 小结

大学教学支持服务产生于20世纪60年代的西方高等教育领域，经过半个世纪的历史演进，已逐渐发展成一个日趋成熟的研究与实践领域，并成为国际高等教育领域的一个重要分支。过去的五十年里，以美国、英国、澳大利亚和加拿大等国为首的高等教育机构在教学支持服务领域进行了卓越的探索与实践，走出了一条比较成熟的教学支持服务发展之路，并为其他国家高等院校教学支持服务体系的建立树立了典范。美、英、澳、加四国作为高等教育教学发展领域的开拓性国家，不仅首创了全球第一批高校教学支持服务机构，而且领导了高等教育教学发展领域的全国性专业组织，乃至国际性专业组织的建立，从而形成了全球高等教育教学支持服务网络的构建。从某种意义上讲，美、英、澳、加四国的高等教育教学支持服务发展史就是全球大学教学支持服务产生演进的历史缩影。然而，直到四十多年后，中国（大陆）的高等院校才开始了大学教学支持服务领域的最初探索……为什么中西高等教育教学支持服务之间会有四十年多年的历史差距？因此，对四国高校教学支持服务演进过程的深入考察有助于从源头和过程中理解和把握教学支持服务在高等教育机构产生、发展的历史背景、时代动因和主要特征，并对上述问题作出回答。历史的差距及其根源可以探究，却无法弥补，但四十多年的实践差距却可以迎头赶上。因此，有必要对上述代表性国家和中国高校教学支持服务的发展现状进行研究，一则发现国外成熟大学教学支持服务实践的特征及全貌，二则明确中外大学教学支持服务之间的差距，为国内高校教学支持服务的实践探索提供国际参考系。

一、高等教育大众化导致教学支持服务的产生

高等教育从精英式教育进入大众化发展阶段，引起高等院校教学支持服务的出现，进而导致大学教学支持服务机构的诞生。这一过程发生的内在逻辑是：高等教育进入大众化发展阶段，由于学生扩招、师资短缺导致高等教育教学质量下滑，引起利益攸关方不满，促使政府部门和高等教育机构重视大学教学，于是高校内部的教学支持服务出现，支持大学教学发展的长效机制——教学支持服务机构相继诞生。

从历史上看，20 世纪 60 年代，美国、英国和澳大利亚三国大学教学支持服务的产生无不与“二战”以后三国高等教育规模扩张，继而进入大众化发展阶段有着直接的因果关联。当时美国高等教育教学质量的下降已成既定事实，却并未引起有关方面的重视，而 1957 年苏联卫星的发射则触发了这一矛盾，一系列国家高等教育发展战略相继出台，大学教学支持服务应运而生。澳大利亚高等教育进入大众化阶段之后，高等教育教学质量下滑引起学生和教师的不满与抗议，作为回应，大学教学发展机构相继诞生。英国亦是如此，只不过是政府对高等教育质量下降的“不满”和重视引起了大学教学支持部门的创建。由此便可以解释为什么中国高校直到 2007 年才开始教学支持服务的探索，因为中国高等教育进入大众化发展阶段是在2000年以后，随后政府部门对于高等教育质量的重视前所未有。可见，高等教育大众化必然伴随大学教学支持服务的产生。

二、信息技术引发大学教学支持服务的组织变革

信息技术是推动大学教学支持服务组织变革的有力杠杆。20 世纪 90 年代以来，随着以计算机和互联网为核心的信息技术浪潮的兴起，高等教育机构也遭遇到巨大的冲击，纷纷建立了负责全校信息化的专

门机构。在这一背景下，美国、英国、加拿大和澳大利亚等国的许多大学教学支持服务机构纷纷重组改革，以适应信息技术对高等教育教学发展提出的新挑战。美国德克萨斯大学奥斯汀分校的教学创新与评估部就是在由教学技术中心、教学绩效中心和评价与测量中心合并而成的；北卡罗莱纳大学夏洛特分校将原有的教师教学发展中心与教学技术服务部整合为教师教学与数字化学习中心，加拿大的多伦多大学、阿尔伯塔大学和圭尔夫大学等多所大学的教学支持服务部门也发生了类似的机构重组，不胜枚举，足见信息技术对推动大学教学支持服务组织变革的巨大作用。由此，教学技术支持也成为现代大学教学支持服务机构促进教学发展的主要职能之一，同时，信息技术也为大学教学支持服务创造了新的发展机会，在线教学培训和教师发展项目的出现就是典型的例证。

三、大学教学支持服务发展的组织化与专业化趋势

组织化与专业化是高等教育教学支持服务发展的必然趋势。从美、英、澳、加四国高等教育教学支持服务演进发展的过程来看，从 20 世纪 60 年代始建至今，大学教学支持服务机构的数量一直处于稳步增长的发展态势，并在欧洲、北美洲、大洋洲、非洲、亚洲等地区多个国家的高等教育机构普遍建立，甚至中国香港和台湾地区的高等院校也于 20 世纪 80 年代相继成立了类似机构。因此，创建教学支持服务机构或组织已成为现代大学制度创新发展的必然趋势。反观中国内地，教学支持服务机构或组织的创建也是中国大学教学创新发展的必然趋势。制度化教学支持服务机构的创建是大学教学支持服务组织化进程开始的第一步，接着是省（区/州）、全国性高等教育教学发展组织的建立，再是区域性、全球性组织的建立。与此同时，大学教学支持服务的专业化趋势也随之增强，形成了广泛的教学支持服务实践共

同体，并逐渐向一个成熟的专业共同体发展。高等院校教学支持服务的专业化趋势还体现在教学发展对象的多元化和教学发展内容及形式的多样化/个性化特征不断增强。虽然中国高校的教学支持服务实践才刚刚起步，但少数大学已建立了教学支持部门，教学发展的组织化进程初露端倪，而且国内高校教学支持服务的组织化与专业化进程会进一步发展。

四、利益攸关方与时代环境的多向互动

利益攸关方与时代环境的多向互动决定大学教学支持服务的发展。高等院校教学支持服务的发展方向取决于利益攸关方与所处时代环境的多向互动和共同作用。利益攸关方包括大学教学发展机构、教学支持工作者（Educational Developer）、大学教师、大学生（含研究生）、专业组织、高等教育机构、政府部门和社会公众等，而时代环境则包括所在国家的政治气候、经济形势、科技发展和高等教育微环境等要素。具体而言，教学发展机构提供的教学支持服务质量、教学支持工作者的专业意识、高校师生的教学发展需求、高等教育机构和政府部门对教学的重视程度、社会公众对教学的关注度等因素将直接影响大学教学支持服务的发展。同时，政治气候（如苏联卫星发射）、经济形势（如 20 世纪 70 年代的经济危机）、科技发展（如互联网技术）和高等教育微环境（如博耶报告、高等教育大众化）等宏观时代环境也会间接推动大学教学支持服务的发展。尽管不同时代、不同国家，上述因素的影响权重会有所差异，但从美、英、澳、加四国大学教学发展史来看，教学支持工作者、高等教育微环境和政府部门是影响较大的三个要素，同时与其他影响因素多向互动，共同决定大学教学支持服务的发展。

五、三级教学支持服务体系与大学教学的系统变革

“学校—院系—项目”三级教学支持服务体系是促进大学教学系统变革的可能方式，即学校层次的教学支持服务机构、院系层次的教学支持服务机构、项目层次的专题教学发展计划所构成的三级教学支持服务体系，面向学校、学科专业和个体三类对象提供教学支持和服务。在学校层面，为决策层提供咨询、参与政策制定；院系层面提供基于不同学科专业的教学支持；个体层面，则为教师、研究生、博士后等目标群体提供特定教学专题和问题的个性化支持，以“主动支持”和“被动响应”相结合的方式促进大学教学整体之发展。

六、教育研究者领导大学教学支持服务发展的潮流教育

研究者、教学实践者与教育研究机构是领导大学教学支持服务发展潮流的先锋力量。无论是从大学教学支持服务发展的历史，还是加拿大数十所高校教学支持服务机构负责人的专业背景和实践经历来看，杰出的教育研究者、教学实践者和大学所属的教育研究机构（如教育学院）都是促进和引领其所在大学教学支持服务发展的主导力量。因此，对国内高等院校而言，发挥其所属教育研究机构以及教育研究者、卓越教学实践者的资源优势，促进本校教学支持服务实践是一种可能的发展路径。

七、中国大学教学支持服务环节薄弱的问题亟待解决

中国高校以管理、督导和评估保障教学质量，教学支持服务严重缺失。虽然我国政府先后实施了多项国家层次的高等教育教学发展战略，也建立了遍布全国的多级高校师资培训中心，但现有的集中培训

机制存在连贯性和针对性不强等问题。然而，高校院校却依然秉持以教学管理、教学督导和教学评估为主的教学质量保障理念和运行模式，教学支持服务职能缺失，难以在根本上促进教学的持续性发展。因此，建立大学教学支持服务的长效机制就成为国内高等院校促进教学发展的现实诉求。

八、中国高校教学支持服务产生的动因及其发展路向

近年来，中国高校教学支持服务实践出现的根源在于高等教育进入大众化发展阶段，高等教育质量备受关注，由政府主导的本科教学水平工作评估随之而来，在教学评估的挤压之下，高等院校和大学教师的教学发展需求进一步增强。同时，受国外大学教学支持服务实践的影响，加上学校决策层的重视和政府部门的推动，最终导致了教学支持服务在中国高校的产生，而国内高校教学支持服务实践的后续发展也随之成为本研究的一项重要任务。

事实上，无论是对大学教学支持服务的历史考察与国际比较，还是现状分析与个案研究，都为中国高校教学支持服务发展的未来路向提供了借鉴与启示。①要提升国内大学的教学质量，最根本的是要实现从以教学评估和督导为主的“教学保障”质量观向以教学支持服务为主的“教学发展”质量观的转变，即从强调外部评估转向满足师生教学发展需求，从以评估督导方式迫使教师保障教学质量转向以支持服务方式发展教学；②国内高校要进行制度创新，创建大学教学支持服务机构，建立教学支持服务的长效机制，实现大学教学支持服务的组织化和专业化，突破现有大学制度仅有教学管理、教学评估和教学督导职能的局限；③政府的介入将有助于推进大学教学支持服务机构的建设；④发展形成少数卓越的大学教学支持中心不仅可以为本校提供高品质的教学支持，还可以为其他高校教学支持服务的发展产生引

领示范作用；⑤发挥教育研究者和教育学院在教学支持服务中的引领作用是促进中国高校教学支持服务专业化发展可能有效的方式；⑥提升国内高校教学支持服务的品质是促进高校教学发展的重要基础，而教学支持形式的多样化和服务对象的多元化则是提升教学支持服务品质的重要方式；⑦构建“学校—院系—项目”三级教学支持服务体系促进国内大学教学系统的变革与发展。

第四章 我国大学教学支持服务体系建设的对策与建议

第一节 我国大学教师教学发展中心项目建设的背景与诉求

随着我国进入高等教育大众化阶段，以提升高等教育质量为核心，由高等教育大国转向高等教育强国，成为我国高等教育当前以及未来相当长一段时间的奋斗目标。在此目标的引领下，国家积极推动多项旨在提升高等教育质量的国家战略项目，在全国的高等教育界引起了极为广泛的关注。其中，2012 年 9 月建立的 30 所国家级教师教学发展示范中心项目，更是一石激起千层浪，迅速在国内外产生了强烈的震动力。一段时间以来，对于国家级教师教学发展示范中心项目的建设目标、建设方式、功能定位、运行机制、评价方式等的讨论，成为高等教育界的领导者、管理者和研究者之间热议的话题。如何推动项目的建设和发展的顺利进行；开展哪些活动和方式，推动大学教学与学习质量的提升；目前国家级教师教学发展示范中心的运行现状如何……对这些问题的回答，必然有助于更好地促进我国国家级教师教学发展示范中心项目的建设和发展，进而支撑和促进高等教育质量的提升以及高等教育强国建设的步伐。

尽管我国国家级教师教学发展示范中心的建立始于 2012 年 9 月，相比较而言，距离最早的教学支持服务机构的出现已经有六十年。然而，我们通过开展各种进修班、组建教研室、建立区域高校师资培训中心等方式促进教师发展的步伐可以追溯至 20 世纪 50 年代。此后的六十年间，根据我国高等教育所处的不同历史阶段的，国家也制定了不同的政策文件，对我国大学教学支持服务体系建设给予及时的引导和支撑，并最终走向了当前教师教学发展示范中心项目的建立。

一、大学扩招：以高等教育规模发展推动经济发展

自我国大陆地区“文革”结束恢复高考招生制度以来，高校招生规模以年均8.5%左右的速度稳步增长。直到1997年，中国高等教育毛入学率为适龄青年人口比例的5%左右。这种规模显然与我国社会和经济发展速度是不适应的。在此过程中，千军万马挤独木桥，片面追求升学率，应试教育受到前所未有的批判。大学扩招，成为当时教育界的普遍共识。

1998年11月，中国改革发展基金会副秘书长、经济学家汤敏以个人名义提交了一份扩大招生数量的文件。该建议的理由如下：第一，扩大高校招生每年可增加1000亿元左右的消费需求；第二，扩大高校招生可部分缓解当前的就业压力；第三，通过挖潜和增加投资，我国现有的大学有能力承担招生量增加一倍的任务；第四，配合助学贷款系统，大部分群众愿意也能够承担全额学费；第五，扩大高校招生对提高民族素质，加强我国在知识经济时代的竞争力必将产生深远的影响。该建议被有关部门采纳后，基于“拉动内需、刺激消费、促进经济增长、缓解就业压力”的四大目标很快确立，由此拉开了中国高等教育改革的大幕。1998年12月24日，教育部制定了《面向21世纪教育振兴行动计划》，国务院于1999年1月13日批转，中国高等教育规模化发展的时期终于到来。该计划中明确指出：力争在2010年，高等教育规模有较大扩展，入学率接近15%，若干所高校和一批重点学校进入或接近世界一流水平。在计划中同时确立了“实施高层次创造性人才工程……从1999年起每年评选35岁以下取得重大科研和教学成果的青年教师，连续5年加大支持其科研和教学工作的力度……实现重点学科的开放效益，提高师资队伍的整体水平”。很快，全国高校招生人数和比例迅速提高，1999年，全国普通高校招生160

万人，比 1998 年增加 52 万人，增幅高达 4.8%，2001 年全国普通高校录取 260 万人，录取率首次突破 50%。在 2001—2006 年，中国各类高等教育发展迅速，总规模超过 2500 万人，毛入学率达到 22%，中新社指出，我国已初步实现高等教育大众化。中国教育部部长周济在 2009 年 9 月 14 日的国务院新闻办公室举行的新闻发布会上表示：2008 年，全国各类高等教育在学人数达到 2900 万人，毛入学率 23.3%，中国高等教育规模居世界首位，已经实现进入大众化发展阶段的历史跨越。

高等教育的大规模扩招无疑对于提升教育发展、提高国民素质、缩小与国外受教育水平的差距、发展经济、拉动内需等具有重要的意义和价值。但同时，也出现了部分消极的影响。基础设施不足和教育质量的下滑以及大学生就业问题成为普通民众对大学扩招和教育产业化持否定态度的主要原因所在。在教育质量下滑中，师资力量的缺乏则成为学校教学质量大幅下滑的首要因素。统计显示，从 1998 年到 2005 年，湖南省高校在校生数量增加了 4.2 倍，教师数量仅仅增加了 2.1 倍，部分学校师生比高达 1∶44，有分析指出，中国大学患上“消化不良症”。

二、“教育振兴计划”引领下的教师队伍建设

在《面向 21 世纪教育振兴计划》颁布后不久，1999 年 8 月 16 日，旨在加强高等学校教师队伍建设的指导性文件《关于新时期加强高等学校教师队伍建设的意见》发布。该意见在充分认识到高等教育在培养高级专门人才和促进知识创新、技术创新的历史使命的基础上，提出“高等教育的发展水平在很大程度上取决于教师队伍的整体素质”。因此，该意见从制度建设、总量与效益、结构与素质、学术梯队建设、待遇与保障五个方面提出了总体目标。在政策举措中明确提

出，强化教师培训，提升教师队伍素质。该意见明确指出："要以中青年骨干教师为重点，着眼于加强师德教育，更新和拓展知识结构，提高教育教学能力。教师要有宽广厚实的业务知识和终身学习的自觉性，掌握必要的现代教育技术手段，在教学科研工作中勇于探索创新。青年教师必须参加岗前培训。"而此时，沿用的方式仍是我国在20世纪80年代中期构建起来的高校教师培训网络，即以北京中心为核心、各大区高等师范院校师资培训中心为组织协调者，各省、自治区、直辖市高校教师培训中心为高等师范教师培训网络；以武汉中心为核心，非师范类部分重点高校和一些重点学科为培训点的非师范类高校教师培训网络。这两大网络体系和三层结构组织对于我国高等学校教师队伍素质提升起到了极大的推动作用。

2001年8月28日教育部印发的《关于加强高等学校本科教学工作提高教学质量的若干意见》中指出："本科教育是高等教育的主体和基础，抓好本科教学是提高整个高等教育质量的重点和关键。当前，必须高度重视高等教育的质量建设，把加强本科教学工作列入重要工作日程。因此，意见规定55岁以下的教授、副教授原则上每年至少为本科生讲授一门课，教学工作质量也成为教师职务聘任的重要标准。"同时，该意见进一步强化了中青年骨干教师队伍建设的重要性，指出："提高本科教学的质量，必须把加强中青年教师队伍的建设放在重要位置。要逐步建立和完善国家、省市、高等学校三级教师培训制度，按计划、有目的地培训中青年教师，特别是承担基础课和公共基础课教学的中青年教师。对参加培训的中青年教师要颁发相应证书，并将培训情况记入教师业务档案，作为聘任岗位职务的重要依据。各高等学校要像重视培养学科带头人一样重视基础课中青年骨干教师的培养。"而对教学工作的评价和考核成为学校推动教师走进课堂，提升教学效能的重要抓手。同时，将教师培训情况纳入考核的范畴，在制度上对教师参加培训起到了重要的激励作用。

在《2003—2007 教育振兴行动计划》中，对高校的培养模式、课程体系、教学内容和教学方法改革成为重要的要求，同时要建立高等学校教学质量评估和咨询机构，建立教学状态数据统计、分析和定期发布制度。在此计划的推动下，高等教育机构在继续完善其师资队伍培训的同时，对教师教学质量的评估和咨询以及设立教学改革项目，促进教师对教学改革研究的开展和深入，进而提升教育教学质量，起到了极大的推动作用。

三、“质量工程”视角下的教师教学发展中心项目建设

2007 年 1 月 22 日，教育部、财政部发布了《关于实施高等学校本科教学质量与教学改革工程的意见》，在该意见中对实施质量工程的重要意义、指导思想和建设目标给予了明确的指示和界定。该意见提出建立教学团队，推动“推动教学内容和方法改革和研究，促进教学研讨和教学经验交流，开发教学资源，推进教学工作的老中青相结合，发扬传、帮、带的作用，加强青年教师培养”。为配合本科教学质量与改革工程，以优质资源建设为保障，以提高教师教学能力为关键，创新教师培训模式的思想以及设立高等学校教学名师奖等措施的实施，使教师的教学支持和发展得以进一步巩固和加强。

根据《国家中长期教育改革和发展规划纲要（2010—2020）》文件精神，教育部、财政部决定在“十二五”期间继续实施《高等学校本科教学质量与教学改革工程》。该文件中明确指出：“引导高等学校建立适合本校特色的教师教学发展中心，积极开展教师培训、教学改革、研究交流、质量评估、咨询服务等各项工作，提高本校中青年教

师教学能力，满足教师个性化专业化发展和人才培养特色的需要。重点建设一批高等学校教师教学发展示范中心，承担教师教学发展中心建设实践研究，组织区域内高等学校教师教学发展中心管理人员培训，开展有关基础课程、教材、教学方法、教学评价等教学改革热点与难点问题研究，开展全国高等学校基础课程教师教学能力培训。”

在2012年3月26日发布的《教育部关于全面提高高等教育质量的若干意见》的第二十七条提高教师业务水平和教学能力的意见中指出：“推动高校普遍建立教师教学发展中心，重点支持建设一批国家级教师教学发展示范中心，有计划地开展教师培训、教学咨询等，提升中青年教师的专业水平和教学能力。完善教研室、教学团队、课程组等基层教学组织，坚持集体备课，深化教学重点、难点问题研究。健全老、中、青教师“传、帮、带”机制，实行新开课、开新课试讲制度。完善助教制度，加强助教、助研、助管工作。探索科学评价教学能力的办法。”国家级教师教学发展示范中心作为教育部近年来第一个以文件规定的方式建立的高校机构，正式进入高等教育管理者、研究者的视野。

2007年7月12日，教育部发布的《关于启动国家级教师教学发展示范中心建设工作的通知》（以下简称《通知》）明确指出：“以提升高等学校中青年教师和基础课教师业务水平和教学能力为重点，完善教师教学发展机制，推进教师培训、教学咨询、教学改革、质量评价等工作的常态化、制度化，切实提高教师教学能力和水平，建设高素质教师队伍。”该中心主要负责开展教师培训、教学咨询服务、教学改革研究、教学质量评估、提供优质教学资源，同时承担促进区域内高校加强教师教学发展中心建设的相关任务。2012年9月20日，教育部最终评选出30所国家级教师教学发展示范中心，每个中心获得500万元的资助，由此拉开我国大学教学支持服务体系建设的大幕。

第二节 我国大学教师教学支持服务体系现状分析

根据《通知》相关规定，国家级教师教学发展示范中心主要在以下六个方面开展建设：教师培训、教学咨询、教学改革研究、教学质量评估、优质教学资源以及起到区域辐射的作用。由于区域辐射明确指向的是国家级教师教学发展示范中心的示范作用，并非大学教学支持服务体系的必备要素，因此，本研究主要考察前五个方面，以明晰原有的大学教师教学支持服务机构的运行现状和操作方法，借此进一步确立中心的功能定位以及其具体的建设内容和方式，进而保障新成立中心工作的顺利开展。

一、政府主导下我国大学教师培训的成效与困惑

（一）大学外部三级教师培训体系的构建

自 20 世纪 80 年代以来，我国形成了两个国家级培训中心（北京师范大学的“北京中心”和武汉大学的“武汉中心”）、六大区域培训中心以及 29 个省级培训中心和培训基地的三级培训体系。与此同时，国家和各级政府不断努力，建立起以《教师法》《高等教育法》及《高等学校教师培训工作规程》为核心依据的保障制度。通过教师培训的法制化不断推动教师培训工作的政府支持和干预、培训基地和培训网络体系组织协调，各级各类高校具体落实的三级保障机制，为教师队伍的整体素质提升和教师培训的顺利开展提供了制度保障。

自开展教师培训以来，我国通过开展高级研讨班、国内访问学者、

学位教师进修班、骨干教师进修班、助教进修班、岗前培训、社会实践、单科进修、短期研讨班、讲习班、出国进修班等十多种方式，积极探索不同层次、不同内容、不同目标、不同类型的教师队伍建设的培训方式。统计显示，自 1985—2004 年，共培训教师 60.8 万人次。其中，高级研讨班近 2.5 万人次，研究生水平培训 7 万人次，岗前培训 30.3 万人次，其他形式培训 20.8 万人次，年均培训规模近 3.18 万人次。这种多层次多种类的教师培训方式基本满足了高校教学和科研发展的需要。

进入 21 世纪后，教育部积极主动地利用信息技术构建教师网络培训体系。2007 年，教育部批准建设全国高校教师网络培训中心。该中心先后承担“精品课程师资培训项目”、“高校教师网络培训系统项目”，搭建起面向各学科教师的“教师发展在线”平台，截至 2012 年，网培计划共有 17 万人次的高校教师参加，覆盖全国 92%的本科院校和 80%的高级院校。建成 55 个省市级网培分中心，培训通过基于网络视频的“混合式同步课堂”在分中心集中学习和基于“教师发展在线”平台的自主性在线学习两种模式，构建形成五大系列、600 多门课程组成的课程体系。

随着教师培训法制化进程的不断推进，政府主导的教师培训体系的建立对于保障教师教学水平的提升，促进教师教学发展无疑起到了极大的推动作用。与此同时，利用迅猛发展的信息技术，采用线下培训和线上培训相结合、长期和短期相结合、眼前需要和长远发展相结合、教学发展和个人发展相结合的“四结合”方式对于保障我国大学教师教学效能的提升、切实提高大学教学质量和人才培养质量，起到了重要的保障作用。

（二）大学内部教师培训功能体系的弥散性分析

根据我国《高等学校教师培训工作规程》（教人[1996]129 号）文件的规定，高等学校直接负责本校教师培训规划的制定，并有相应的机构或人员负责组织管理工作。落实到具体承担这一功能的机构为高等学校的人事处（人力资源处）师资管理科。因此，进入大学的教师所必须经过的教师资格培训、岗前培训通常由人事处的师资管理科负责。其培训的内容主要包括教育学、教育心理学、教师职业道德规范等内容。此外，人事处还负责具体落实大学外部教师培训计划的制订和具体落实。

教师的教学方法和技能的大学内部常规培训则往往在教务处的领导和安排下进行，“教务处主要有三种形式的教师培训：一是教师的首开课培训，二是促进青年教师教学技能提升的青年教师授课竞赛，三是促进教师教学发展的教学名师培训”。这三种形式的教师培训是层层递进的。因此，大学内部教师培训从支持教师发展的类型上进行划分，一类是有组织的教师职业培训，包括新教师培训、岗前培训以及部分“211”高校的教师外语培训、教育技术培训等内容；另一类是教师的日常发展机会，包括参加学术研讨会、学校举办的各种类型的讲座报告以及短期培训班或者院系组织的专业培训，或者利用各种项目、基金等形式出国访问、进修等活动形式。

从培训目标上分析，高校教师培训主要以提高教师学历学位层次和提升学术科研水平为主要内容。调查显示，在 2002 年全国被调查的 1086 所高校中有 699 所高校把“提高教师学历学位层次”作为培训的首要目标，占被调查高校的 64.5%；27.95%的院校将培养学科带头人和骨干教师作为首要目标；以提高教师教学能力作为首要目标的院校仅占 2.58%。显然外在的教师培训对教师教学能力提升的支持和力度明显有限。

纵观大学内部，除了常规的教师培训以促进教师教学发展外，还有大量零散的碎片化的教师教学能力提升的活动和方式，然而这些方式和活动弥散在大学的人事处、教务处、教育技术中心、各个院系等各个单位和部门。此外，尽管各个学校也都采取各种方式邀请个别专家开展各种类型的教学相关的讲座，例如，每学期邀请 1~2 位专家面向青年教师和院系进行教学培训，但是，由于没有形成规范性的制度，部门之间的衔接和功能界定过于分散和条块分割，因此在系统性和专业性上存在一定的缺陷。

（三）教师培训的现状及需求调研结果分析

1.针对“教师培训”态度情感类的调查统计与分析

本书针对每位入职新教师所必须参加的岗前培训进行了调查。结果显示，82.22%的教师认为岗前培训“有必要”或者“很有必要”，仅有 4.44%的受访者认为“没有必要”或者“完全没必要”。由于受访者均为在校在职教师，均参加过岗前培训，因此，这表明对教师岗前培训活动的认可度比较高。然而，在对于“您参加的各种类型的培训活动和您的心理预期”的一致程度的调查结果显示：高达 53.33%的受访者认为“不一致”，14.44%的受访者认为“完全不一致”，30%的受访者认为“一致”或者“基本一致”。这一结果的出现仍然让我们感到强烈的冲击。不满意的原因无外乎两个方面：其一是教师对参加教师培训的意愿，其二是培训的内容和形式不满足教师的需要。

对“教师参加教师培训的主要动力”的调查结果显示，“教学工作需要，在专业知识和技能等方面提高”的比例为 51.12%，“进行教学创新，自我主动的进行学习”的比例为 12.22%，而“参加培训与教师资格证、评职称挂钩”的比例为 14.44%，“学校的硬性要求，不得不学”的比例为 22.22%。由此可见，63.33%的教师能够主动地根据教学工作需要参加此类学习。将此变量和“培训结果和心理预期一致度”交叉分析，被迫参加教师培训的教师由于存在心理抵触情绪，选择负面评价的比例较高。因此，如何吸引教师参加此类活动，而不是靠被动的政策和制度对教师培训进行约束成为一个重大的挑战!

在原因追溯的问题调研中，“培训内容与教学实际脱节”的比例高达 75.56%，此外，“培训方式单一”和“教材编写模式陈旧，不适合教师阅读”的因素排在第二位，“缺乏专家引领学习”也成为受访者认为教师培训中存在的主要问题。由此可见，培训内容和培训方式已经成为限制和妨碍当前教师培训活动顺利开展的重要因素。

2.针对“培训内容和形式”的调查统计与分析

培训内容的制定首先应来源于教师对自己教学过程中知识、能力缺乏的认识，调查结果显示，“先进教育理念和方法”缺乏是排在首位的因素，其次分别为“教学活动设计能力”、“信息技术、多媒体和课程整合应用知识”、“课堂教学过程的组织与监控能力”。先进的教育理念、方法的选择率为全部调查教师的 50%，也恰好印证了教师岗前培训中对于高等教育学原理、方法等内容传递的重要性和合理性，这个数据也恰好能够解释为何教师对岗前培训的认可度比较高。

在“教龄”与“知识、能力缺乏”的交叉分析中发现，无论是哪个教龄阶段的教师都认为自己缺乏“信息技术、多媒体和课程整合”的能力。教龄在六年以下的教师选择“人文方面知识”及“先进教育理念和方法”的比例比较高，这一数据也进一步印证了为何教师对新教师培训有着较高的认可度。随着教龄的增长，选择“教学活动的设计能力”的受访者比例逐渐降低，而选择“课堂教学活动的实施能力”比例逐渐升高。这可能由于教龄越长的教师在教学中开展各种教学活动的意愿越强烈，也更乐意追求教学的创新，但是由于缺乏相应的技术和理念的支撑，对技术应用于教学的课堂教学活动的实施能力有所欠缺。更为明显的是，随着教龄的增长，选择“教学反思能力”缺乏的教师的比例逐渐降低，这一选择恰好验证经验丰富的教师更善于从自我教学的反思中获取经验。基于上述分析认为，对不同教龄阶段的教师开展不同类型、不同层次、不同内容的教学培训成为教师培训过程中必须面临的问题。

在“职称”和“知识、能力缺乏”的交叉分析中发现，职称越高的教师选择“教学反思能力”的比例越低，这说明随着职称的升高和教龄的增长，教师越来越能从自己的教学中提炼、总结和发现课堂中出现的问题。职称越高的教师选择“信息技术、多媒体和课程整合应用知识”的比例逐渐升高。可能由于两个原因：一个是职称越高的教师，教龄相对比较长，对于新技术的掌握和熟悉的过程相对比较缓慢，另一个是，职称越高的教师也更加愿意采用新的形式应用于自己的教学过程中以实现教学创新，因此，对于媒体技术和课程整合的相关内容也更加关注。

3.教师对期待的培训内容的统计与分析

在“您目前最需要的培训内容”的调查选项中，“教育科研方法”、“实施有效教学的策略”、“现代教育技术培训”、“制定教师个人发展规划”及教师心理健康的调试，分别位于前五位，而“教育理论”和“教育法规政策”以及其他排在分列后三位。这一结果也进一步印证了提升教师教学设计能力的重要性。而“先进理念、方法”和“教育理论”的结果统计的悖论，也恰恰说明，教育理念的传递并非不重要，可能形式的单一是影响其受到质疑的重要因素。引入“教龄”和“职称”进行交叉分析后的结果显示，教龄越短、职称越低的教师选择“实施有效教学的策略”和“制定教师个人发展规划”的比例越高，职称在教授以下的教师选择“教育科研方法”的比例呈逐渐升高的态势。而随着教龄和职称的增长，选择“教师心理健康的调试”的比例也逐渐降低，这说明随着教龄的增长，教师逐渐适应大学的教学环境和制度，而随着职称的增长，摆脱职称晋升压力的教师也更加地以积极和健康的心态投入到教学过程中。这也与上述提到的“培训的动力来源”及“知识能力缺乏”的认知分析结果相一致。

4.“培训形式”和“授课教师”的调查统计与分析

在“您需要的培训形式”调查选项中，“专题研讨交流”的选择比例占到61.11%，紧跟其后的是“案例分析”和“基于问题的培训”，分列第二、三位，选择“教学观摩”的教师比例也高达 48.89%。而位列最后的分别为“名师指导”和“专家讲座”。而在“最喜欢的授课教师”的选择中，“教学经验丰富的一线教师”的选择比例占到82.22%，其次为“教学专家”和“教育研究专家”，“教育行政部门领导”选择比例为1.11%。此二者结合，恰好能为教师培训与教师心理预期的不一致从形式上找到原因。因此，改变传统的集体讲座和报告的方式，选择教学经验丰富或者开展卓越教学实践的教师，开展专题的研讨和交流是我们亟待推进教师教学发展的重要举措。

二、我国大学教学咨询服务功能的缺失

教师培训致力于解决和提升教师教学素养和能力的提升，处于教学活动全过程的前端，而教师培训效果的检验则体现在教学活动的过程中。考虑到教师培训活动的成本、时间以及资源利用的最大化等因素，教师培训往往以集体活动的方式开展。因此，教师培训往往注重对于教学过程中面上问题的指导和理念的引领。而教师在具体的教学活动过程中，由于学科领域、授课对象、内容类型等的差异，教师所

面临的实际教学活动往往千差万别，因此，在教学活动过程中，对教师教学过程中遇到问题的及时支持和服务，提供面向教师的教学咨询服务成为大学教学支持服务机构的重要职能之一。

在梳理我国大学现有行政管理部分职责分工后发现，大学教务部门（处）是最直接的开展教学工作的行政管理部门。调查研究显示，当前大学教务部门主要设有 12 种分支机构，分别为教学研究科、教务管理科、教学质量科、实践教学课、教材管理科、学习管理科、合作交流科、考试管理科、教育技术中心、招生办公室、基地管理科和综合管理办公室。而教学咨询应该由哪个科室承担显然没有合适的对应位置。笔者通过调查国内 30 所国家级教师教学发展示范中心的申报材料发现，只有 17 所学校明确列出了教学咨询服务功能，而反观大多数中心所在高校教务处网站、教师教学发展示范中心网站等信息则尚没有发现实质性的为教师教学提供教学咨询业务的部门或者此类业务的开展。

教学咨询服务功能缺失的原因是由于教师教学活动过程中的需求不足，还是行政管理部门职责的缺失？在“教学过程中遇到困惑或者问题时，通常的解决方法”的调查结果显示，78.89%的教师选择“上网查找解决途径”，选择“请教有经验的教师”的比例为 57.78%，“请求同事帮助”的比例为 45.56%，“咨询相关研究专家”的比例为 23.33%。咨询专家的选项位列最后，原因无外乎两个：一是教师对咨询专家的需求和动力不足；二是教师在遇到教学过程中的问题时无法及时获取专家的帮助。在“下列哪些活动对您的教学效果提升有帮助”（限 1~3 项）的题目中，“教学咨询”仅在“教师经验交流会”和“专题研讨会”之后，位列第三位。该问题的数据结果则可以排除第一种因素，即教师对专家咨询的需求和动力不足的问题。显然，教师在遇到教学问题时如何寻找相应的专家成为教学咨询服务亟待解决的问题。

由此可见，教学咨询功能在教师群体中具有极大的现实需要的价值和意义，与独立上网查找解决途径、自主请教或者寻求同事帮助相比，设立专门的教学咨询服务部门或者方式方法，建立相应的专业教师、课程教学专家库，以及时响应教师教学过程中遇到的问题与困惑，改变教师自我寻求帮助的方式，为教师提供更广泛的支持和帮助，已经成为教师广泛认可的对教学效果提升具有重要意义和价值的服务方式。因此，对国内的教师教学发展中心来说，如何筹建教学咨询功能，建立常态化的教学咨询支持服务是一个重要问题。

三、行政管理思维导致教学改革研究功能的主体性偏移

大学教务部门的教学研究科是最直接的与教学改革研究相关的部门，其主要功能定位为负责本科专业培养计划、教改项目、教学资源建设、本科专业建设和教学成果申报评奖等。因此，从功能上来说，该教学研究科仍然属于行政管理部门，主要负责发放通知；设立教改项目；组织专家对项目进行评审、验收；组织教学院系单位对课程规划、教学大纲的修订和管理以及对校级精品课程、优秀课程、合格课程等评估的组织与实施；负责国家级、省部级精品课程、重点课程的申报及评估的组织和管理等工作。

（一）行政管理视角下教学改革项目设立的问题与困惑

对30所国家级教师教学发展示范中心提交的申报材料进行分析，93%的高校整合了已有的教学改革研究设立的项目。教学改革设立的项目主要有三种类型：一是面向管理人员申报的宏观课程改革或者实践项目申报；二是具体到课程的学科专业课程建设项目中报；三是教

学方法的改革课程诸如案例式教学、基于项目的教学、实验教学等项目的申报。从理论上分析，设立教学改革项目对于促进教师教学创新的积极性和热情的调动具有极大的促进作用。

显然，行政管理方式下设计的教学改革项目从管理流程上来讲无疑是完善的，但是设立这些项目是否真的符合初衷成了一个疑问，缺乏对项目自身质量的监管最终变成了一种形式化的重复性建设。设立这些教学改革项目对教师的教学效果是否有提升作用呢？在“下列哪些活动对您的教学效果提升有帮助”（限 1~3 项）的题目中，学校建立“教改项目”以支持教师开展教学研究，进而推动教学效果提升的设想作用并不明显。教学改革项目的建立演变成教师争取项目经费、职称考核的工具和手段，对于教学效果自身的影响甚微。

（二）教研科自身教学改革研究功能的缺失

从隶属于教务处的教学研究科的职能分析中可以发现，教学改革项目的设立、评选、管理及结项为其主要职能。然而，教学改革研究的定位是否只是中心应该有项目设立、审批、管理、评审的作用？为何研究的功能在教研科这样的部门会缺失？“教研科也有教学研究这项功能，但是一个是他没有时间做研究；再一个就是人员都是管理岗位，他评的职称都是按管理的岗位来做的，不是按研究导向，因此他也不会主动去做研究。”

教学改革研究功能在行政化的管理部门的实施和开展具有相当大的难度，而研究自身则成为未来教师教学发展示范中心项目建设的安身立命之本。因此，中心成员的专业化程度以及自身的服务功能的角色定位则显得尤为突出和重要。改变原有的行政管理的方式，走向专业化的研究人员队伍的建设，以引领教学改革研究的方向，成为国家级教师教学发展示范中心项目建设的重大挑战。

四、大学内部教学质量保障的现状与困惑

大学教务部门的教学质量科主要负责教学奖励、教学质量监控、教学评估、教学检查与考核、优秀教师评选、教学督导等工作的组织与管理。通常来说，教学质量评估要从两个方面来开展：一是教学质量保障与监控；二是教学激励政策与制度。

（一）教学质量保障与监控的现状与问题分析

对 30 所国家级教师教学发展示范中心的申报材料进行分析，每所学校都有教学评估的功能，并通过设立教学督导，建立学期听课计划，甚至部分高校设立了“推门听课”制度。并通过期中教学工作检查、期末教学成效评价，包括学生评价等方式对教师教学的质量进行监督和引导，进而促进教师的教学改进。

在开展“教师教学评价的方式”的调查中，“同行评价”和“学生评价”并列第一位，是教师最为认可和接受的评价方式，这与当前高校广泛推动的“学生评教”活动相一致，而也有 36.67%的受访者认为应该采取“教学历程档案带评价”的方式进行教学评价。对于“评价结果对教师教学改进的帮助效果”（多选）方面的调查则显示，认为“有帮助”的教师占到 37.78%，“帮助效果一般”的教师比例为 37.78%，而认为“没有帮助”的教师占到 15.56%，只有 1.11%的教师“从来不关心评价结果”。为何对教师教学评价的结果对教学改进的效果没有想象中的明显？在对教学评价的反馈内容和形式的调查结果显示：“没有反馈”的占到 11.11%，“只有分值”的占到 28.89%，“口头反馈”的占到 4.44%，而既有“分值”又有“不足之处和改进建议”的只有 33.33%。在“对教学改进的帮助效果”和“反馈内容和形式”的交叉分析中可以发现，选择“从不关心评价结果”的教师

全部来自于“口头反馈”的受访者，这说明“口头反馈”并不能引起教师足够的重视，选择“只有分值”和“分值和不足之处”的教师认为“没有帮助”的比例则逐渐减少，而选择“分值、不足之处和改进建议”的受访者则全部选择了“有帮助”或者“一般”，在“下列哪些活动对您的教学效果提升有帮助”（限 1~3 项）的题目中的结果显示，教师比较认可“教学评价”而对“教学督导听课”的效果则不认同，排在该题目的最后一位，原因则可以归结为教学督导听课的结果反馈为“口头反馈”居多，这种反馈并不能引起教师足够的重视，此外，教师往往对教学督导和评估带有天然的抵触情绪。

因此，教学评价和教学督导在日常的工作中，如何完善教学评价，改进教学督导的职能和作用的发挥成为一个挑战，同时，应该尽可能地对教师的教学评价给予反馈，这种反馈应该是书面的反馈，不仅内容上要包括不足之处，更应该注重提出改进的意见或者建议。此外，教学督导在日常活动中获取的问题也应该成为教师培训活动中主题的重要来源。

（二）教学激励政策与制度的现状分析

在教学激励政策方面，针对教学评价优秀的教师，开展教学奖励是所有高校都普遍采取的方式之一。建立优秀教学成果奖、优秀教材奖、奖教金以及各种类型的捐助设立的奖项，如南京大学于 2011 年设立的石林集团奖教金和中国银行奖教金，以提升教师的归属感和荣誉感，激励教师在教学方面的投入和努力。

在教学激励的制度方面，将教师的教学评价和职称晋升相结合是最为普遍的方式。比如，东南大学在《东南大学教师职称晋升条例》中规定：“40 岁以下的青年教师，晋升教学为主的副教授必须参加授课竞赛并获奖，晋升教学科研并重的副教授必须参加授课竞赛并获得考核通过。”青年教师授课竞赛一、二等奖获得者在晋升副教授职称时，在晋升的时间上不受五年年限的限制。此外，东南大学《关于选拔和培养优秀青年骨干教师的暂行办法》还明确规定：“学校每年以通过入校教育、首次开课培训和在青年教师授课竞赛中获奖的青年教师为对象组织一次选拔活动，选出在教学建设、课程改革及科学研究等方面的成绩优秀者，作为学校优秀青年骨干教师，拨给专项经费连续资助三年，支持其进行教学改革和专项研究。”在“下列哪些活动对您的教学效果提升有帮助”（限 1~3 项）的题目中，“建立奖教金”的选项有22.22%，由此可见教师对于该激励政策和制度的高度认可。通过上述分析可以得出，建立教学激励政策和制度对于教师提升教学能力、促进课堂教学效能的提升具有重要作用。

五、优质教学资源建设的现状与问题分析

围绕教学活动所开发和建立的教学资源有狭义和广义之分。狭义的教学资源主要是指为教学而设计出来的支持教师的教和学生的学的软件资源。显然，以教师为主体的教学资源是指支持教师的教的软件资源，包括各种多媒体类型的教学资源，如媒体素材、试题、试卷、案例、教学软件、网络课程等。广义的教学资源是指一切可为教学目的服务的人、财、物。既包括直观的有形教育，也包括无形的如教师的教学形象与智慧才能、班级风气与教学氛围、人际关系等。因此，本文所涉及的教学资源主要是指狭义的，即围绕教师教学活动设计出来的支持教师的教的软件资源。从资源的分类上分析，主要有三类资源：教学资源、课程资源和课堂资源。在已有的研究中，来自一线教师的课堂资源研究的论文比较少见，而大量的研究直接指向优质教学资源的研究，主要以精品课程为代表的教学和课程资源建设，如精品课程的共享策略、精品课程推动教学资源建设和教学质量提升的实践

经验以及从优质资源向优质网络教学资源转变的策略与实践等。

（一）教学资源建设和开发职能部门分析

从教学资源的建设和开发单的位和部门分析，教务处的课程中心和现代教育技术中心、网络与教育技术中心（名称不同）是教学资源的重要提供者。课程中心负责课程教学资源管理平台的建设，主要提供日常教学工作的支持，包括发布讨论和公告、批改作业等以及网络课程和精品课程建设系统平台的管理和维护。

大多数高校的网络课程或者课程教学资源管理平台都采用了服务外包的方式，即学校负责平台的使用、日常管理和数据维护，而外包公司负责平台的技术维护。这种两者结合的方式往往存在衔接的问题，要么教师的使用需求得不到满足，要么教师对平台的功能并不熟悉存在技术的障碍。此外，高校在要求教师使用网络平台进行日常教学工作方面也存在种种困难。因此，如何进一步推动教师教学活动的信息化水平，提升教师的信息素养，从制度和政策方面激励教师使用信息系统和平台积累教学资源成为重要问题。

现代教育技术中心负责：教育技术设施的规划建设和维护管理；学校基础课程教学如英语网络教学等平台和教学素材的建设与维护；教育技术应用培训以及与教务处课程中心协作构建信息化教学平台；多媒体教室网上资源以及数字教学资源的建设等工作。如东南大学教育技术中心在教学资源建设支持中明确表示：“以网络助学平台和课程中心为依托，为教学资源上网提供平台技术支持；为课件和可视化课程制作提供技术支持；为课程视频上网提供技术支持；为个性化教学资源建设提供咨询和建议等。”其网站页面的提供资源包括理论教学资源的课程中心、国家精品课程资源库、校本国家精品课程、视频公开课；实践教学资源包括各实验中心、训练中心的课程资源；自主研学资源包括自主开发的教师科研管理系统、学生课外研学学分系统、竞赛等；素质教育资源则包括名家讲堂、网上报告厅等内容。

此外，该中心还提供部分链接如 MIT 开放课程、教育部精品视频公开课、江苏省高校多媒体教学资源网等内容。当前大部分的教育技术中心还承担课程教学的课堂录播工作，如北京大学教育技术中心则提供开展了一项课程课堂实录系统，主要完成教务处布置的精品课程录像以及院系中一些特别要求录制的课程服务。然而事实上，高校现代教育技术中心大多承担的是“多媒体的维护、软件的更新以及音频、视频技术的维护。由于网络课程的使用是要求非常高的，现代教育技术中心还承担不了这种工作”。

通过上述分析可以发现，在教学资源建设方面，以教务处课程中心和现代教育技术中心为主体的职能部门存在着交叉和重叠，由于这些机构行政职能上的条块分割，资源的重复建设现象严重，同时，对教学资源的管理缺乏统筹，从而对资源的教学应用产生了一定的障碍。

（二）教师教学资源需求分析

在 30 所高校提供的国家级教师教学发展示范中心申报材料中，所有高校都有建立教学资源库。统计数据发现，该内容的申报材料中，校级、省部级、国家级精品课程资源是主体部分，此外，专家的讲座和各种类型的报告资源也非常丰富，然而，却甚少发现教师教学经典案例以及教师教学的其他各种相关的教学策略、方式方法的资源。是教师教学的需求不足还是行政化体制的产物？对教师所需教学资源的调查结果显示，“教师教学经典案例”、“网络视频公开课等开放资源”及“教学理念、方式应用于教学的案例分析”排在前三位，“专家报告讲座视频”和“软件技术的操作视频”也占据受访者选项的 1/3 左右。由此可以看出，教师真正需要的是来自于教学实践过程中的、对教学实践有直接针对性的资源，而不是宽泛的网络课程名单的提供。

精品课程建设无疑为教学资源的获取提供了基础和保障，然而，如何切实地把握教师的需求，将资源盘活，使资源建设服务于教师的教学使用，并不断地完善相关的制度和政策，使教师由行政命令下的资源建设和应用行为转向自觉的使用，并由此不断促进资源的建设和开发，实现自发式、滚动式、集约型的资源建设和开发模式，真正地实现资源的共建和共享是一个长期努力、不断完善的过程。

总之，教育质量提升已经成为高等教育管理者、研究者的共识，而教师队伍建设则是保障课堂教学质量的关键所在。国家级教师教学发展示范中心项目所涉及的五个主要方面，从大学已有的工作和成效分析已经取得了一定的成效。

然而，无论是教师培训、教师咨询还是教学研究等内容，依靠行政管理方式建立的中心所提供的支持服务显然距离教师教学的切实需要还有相当长的一段距离，该中心的建立是已有功能的“集成”和“继承”，还是另起炉灶、从头开始的创新实践？中心应该如何定位与原有机构部门服务之间的关系？中心应提供哪些服务内容以满足教师的需要？对这些问题的回答首先要关注国际视野下教学支持服务的已有实践，以获取可资借鉴的经验和成果。

第三节 大学教学支持服务体系孕育环境及功能与结构比较分析

自美国密歇根大学建立第一个正式的教学支持服务机构肇始，教学支持服务机构已经走过了第五十个年头，在半个世纪的漫长历史长河中，教学支持服务机构的服务功能和结构不断发展变化，已经形成趋于完善的教师发展功能、学生发展功能、创新研究功能三大功能体系架构。这些功能体系的建立在不断推动机构自身成长发展的同时，教学支持服务机构在高校中的战略地位不断提升，更是不断促使大学教育教学质量的提升和人才培养目标的实现。与欧美高等教育发达国家相比，我国大学教学支持服务体系的建立相对较晚，自 2007 年中国海洋大学建立第一个以教学促进中心命名的教学支持服务机构以来，对大学教学支持服务机构的关注和研究正成为我国高等教育管理者、实践者和研究者的热点议题。研究教学支持服务机构发展的历史脉络，厘清促使其发展演变的深层动因是借鉴和吸取先进经验的前提，在此基础上探究信息时代大学教学支持服务体系的功能与架构也是促进我国大学教学支持服务机构可持续发展的重要保障。

大学教学支持服务类机构的建立及其发展有其共同的规律，这是借鉴、吸取高等教育发达国家教学支持服务体系成功经验的基础。然而，由于其所在国家、地区的高等教育所处的内、外部环境的差异，造成其建立的时间、发展历程及功能架构也会有所差异，这是本土化研究的前提。因此，只有基于我国高等教育所处的内外部环境、发展动力等差异的深刻认识的基础上，才能立足我国高等教育质量提升的现实需要，借鉴高等教育发达国家的经验，探索教学支持服务机构自我发展的本土化道路。

一、大学教学支持服务体系孕育环境的比较分析

教学支持服务机构的建立和发展离不开当时高等教育的时代背景与政府部门的政策和报告引领，都不可避免地受到整个国家高等教育生态系统以及相应的体制乃至文化生态的制约与影响。

（一）高等教育大众化阶段是其建立的共同时代背景

从教学支持服务类机构建立的时代背景而言，高等教育大众化是促使此类机构建立的重要因素。高等教育从精英教育转入大众化教育阶段，学生的扩招、师资力量的匮乏，同时由于经济的衰退所带来的高等教育经费的短缺和紧张，促使高等教育内外相关利益方的不满情绪上涨，迫使高等教育不得不转向内部教师教学能力的提升，以内涵式发展代替外延式发展的思路最终导致高校内部教学支持服务机构的出现。

从时间维度上分析，以美国为首的高等教育发达国家于 20 世纪 60 年代进入高等教育大众化阶段，同时期一系列政治、经济因素所催生的对高等教育的重视达到前所未有的高度，高等教育被迫承载了推动社会和国家发展的众多历史使命。在经济衰退的情境下，学生及其家长不得不承担起高昂的学费，对数学质量的不满引发大规模的学生抗议运动。

由此唤醒学生作为“消费者”的心态，教育质量和师资缺乏，应急性的教师培训缓解了教师需求的压力以及高等教育规模发展导致的师资力量的匮乏，但是随之带来的学术标准和教学质量的下降成为公众对高等教育发起不满的理由。作为回应，高等教育机构不得不采取各种方式提升教育质量，大学教学支持服务机构由此诞生。我国于

21 世纪初期正式进入高等教育大众化阶段，短时间内的高等教育大规模扩招以缓解经济压力所带来的学生规模的扩大、师生比的大规模下降，尽管学生和家长的权利意识没有凸显，但是，在政府的引领和带动下，在完成从高等教育大国向高等教育强国的转变的追求和理想的促进下，高等教育质量提升成为当前时期重要历史使命。而教师作为教学过程的主导者，加强教师培训，促进教师的教学发展成为提升教学效能，进而促进教育质量提升的必然抉择。

（二）一系列政策报告的引领推动为其建立发展提供制度保障

高等教育所处的时代背景对于促使教学支持服务类机构的建立起到了重要的推动作用。在此过程中，政府的一系列政策报告和文件为其建立提供了制度保障。美国《国防教育法》和《高等教育法》以及英国的《罗宾斯报告》对于 20 世纪 60 年代英美高等教育规模化发展及其经费保障创造了条件；《大萧条时代的教师发展》和《詹姆斯报告》则将教育质量提升转向教师发展，以教师发展促进教育质量的提升；进入 20 世纪 90 年代以来，英国“迪尔英报告”和博耶“教学学术”理念的提出更是将教学提到了学术的高度，促使教学这一使命再次回归到高等教育的首要使命，随后《高等教育的未来》明确提出构建卓越教学与学习中心以提升教学质量，为教学支持服务体系的建立提供了制度、经费、管理和评价的法治依据。如前文所述，我国国家级教师教学发展示范中心项目的建立也是伴随着一系列政策报告和文件的出台。1999 年的《面向 21 世纪教育振兴行动计划》宣告我国高等教育规模化发展的时期到来；随后《关于新时期加强高等学校教师队伍建设的意见》更是明确地提出强化教师培训、提升教师队伍素质对于高等教育的重要意义和价值；《高等学校本科教学质量与教学改革工程》以及《教育部关于全面提高高等教育质量的若干意见》的颁布和实施，最终宣告我国国家级教师教学发展示范中心的建立。

（三）需求推动和政府主导两种构建方式的差异分析

从此类机构建立的主体来看，美国、澳大利亚等国家建立此类机构采用自下而上的建立方式。而我国则由于高等教育管理体制的差异，采取政府主导建立自上而下的方式构建大学教学支持服务体系。

1.需求推动的自下而上构建方式分析

在欧美等高等教育发达国家没有类似于我国教育部的全国性高等教育行政管理机构，也不存在全国性的高校教师发展法律法规制度。因此、实施高校教师发展的主要组织机构是高校自主建立的教学支持服务机构。梳理其发展历程可以发现，自 20 世纪 50 年代起，在一系列政策报告的引领下，美国高等教育机构中的视听中心率先承担起了教学支持服务的工作。高等教育机构借鉴大学视听中心在“二战”时期对于军队培训所作的贡献，将媒体技术视为促进教师教学效能提升的重要方式，随后从最初的培训和推广教学技术的功能扩大到课程设计、教学方法、教学评价及咨询服务等方面，逐渐构建起专业化的教学支持服务体系。进入信息时代后，将互联网技术和计算机技术相结合不断推动教学方式的创新，以信息技术支撑教师的教学和学生的学习成为水到渠成的选择。随着高校中教学支持服务机构的广泛建立，专业化的组织结构为高等教育专业和组织发展委员会（POD）网络的建立实现了从单一的机构转向全国性的专业组织的发展阶段。

因此，源自高校视听中心的教学支持服务机构是一个专业化的支持服务机构，不具有行政管理的职能和权限。这就决定了该机构的生存和发展机会的获取必须来自于高校管理机构的强有力支持，进一步则取决于其所提供的支持和服务是否满足教师和学生群体的需要，为高校教育改革提供支撑。该机构提供的支持服务必须依据学校的实际，有针对性地开展活动，要不断围绕高校教育改革的方向和目标提供教师发展活动的主题和方向，同时也要不断依据教师的实际需要提供一系列的研讨会、Seminar、技术支持、咨询服务等、从而提高教师教学水平。

2.政府主导的自上而下构建方式分析

我国自20世纪80年代起逐渐构建起完善的高等学校师资培训体系。在我国教育部（原国家教委）的直接领导下建立的两个国家级培训中心的职能是师资培训、组织协调、信息交流与研究咨询；六大区域培训中心的职责是以国家教育部下达的全国高校师资培训的总体要求和年度计划为依据，组织本区域的联合培训，完成培训任务。省级培训中心和培训基地则是高校教师培训任务的主要执行机构。而作为教师教学单位的高校负责具体落实培训人员的选择、组织教师参与教师培训。这种教育行政和主管部门制订计划、师资培训机构具体实施培训，高等学校组织落实的行政命令化教师培训模式，在我国高等教育的起步阶段，对于促进教师的学历补偿无疑具有重要意义，然而这种行政命令推动的教师培训方式强调培训规模与效益的提升，忽视了高校教师需求的多样性和差异性的特点，其培训的内容和组织形式不能切实满足教师发展的需要，必将最终影响教师培训的质量。

综上，尽管欧美等高等教育发达国家没有统一的行政管理部门推动高校教师发展，然而，在大学实际办学的过程中，在教师教学效能提升和学生学习质量提升的需求推动下，最终建立了满足高校需要的教学支持服务机构。而该机构以专业化的人员队伍为教师和学生提供精细化的、满足个性化和多样性的需要，通过开展类型各异的丰富的活动和项目，不断推动教师发展以及学生的学习发展，并最终促进教育质量的提升。我国采用政府主导的高校教师培训方式的建立无论在高等教育发展史上还是今天仍然具有重要的意义和价值，然而，如何改变统一的培训模式，使教师培训最终回归到“学校本位”，建立校本特色的培训体系和模式已成为必然选择。面对我国国家级教师教学发展示范中心的建立和发展的现状，如何将行政管理行为转化为专业化的支持服务是当前高等教育管理者和研究者必须回答的重大现实问题。

二、教学支持服务机构的支持服务对象分析

从现有教学支持服务机构的对象来看，主体直接指向教师和学生两大群体，尽管其创新研究功能也服务于院系等教学单位，但是其根本还在于通过理顺组织结构的关系，为教师的教学和学生的学习提供最佳的支持服务。

（一）教师发展与教师教学发展的一致性与差异分析

对教学支持服务机构而言，无论是教师发展功能的全面建立还是教师教学发展功能的单独提出，从根本上来说，其共同愿景直接指向人才培养质量和教育教学质量的提升。然而，从教学支持服务机构创建发展的探索经验中可以得知，如果变革的努力仅仅建立在教师发展、学生发展、技术支持或者创新研究等层次的某一个方面，那么取得成功就会变得非常困难。在教师发展的实践中可以看出，其主要的关注点在于教学的过程、教学方法和技术、课程发展以及学生对教学效果的评价等教师教学发展方面。尽管促进教师教学发展以及首先解决教师教学过程中的问题对提升机构教育环境的质量是非常重要的，但是，这并不能构成高效教师发展机构项目的全部服务内容。

在教育机构尤其是高等教育机构中，教师往往会采取不屑一顾或

者采用消极抵抗的方式来应对新的教学方法的引入，这种抵制态度的核心在于教师对教学的态度。如果他不认为他自己的主要职责是教学，那么他就不会花费时间和精力来学习新的技能或者探索替代性的教学方法。尽管我们可以采取各种方式，职称评审制度的完善来解决教师的教学问题，但是，这种教学评价在整个制度中的比重大小以及教师被动参与各种活动所导致的各种抵触情绪的上升则必须引起我们的关注和警惕。同时，教师还可能会担心自己作为教师的缺点外漏，或者抵制很多新方法或者课程建议下潜藏的教育价值和教育哲学。这就可能造成教师既不能明确清晰地阐释教学的价值，也不能形成连贯一致的教育哲学的局面。由此带来新方法或者建议则不可避免地会出现与低劣的价值或者哲学相冲突的局面。因此，一个高效的教师发展项目必须首先改变教师的态度以及相关的价值、哲学及自我意识。而教师对教学的态度和情感等的转变和提升则需要关注教师个人的未来发展。

从另一个方面来看，即使教师有机会形成自己的教育哲学，也已经掌握了新的方法和技术，也能清晰明确地阐释他的态度和教学价值观，他也可能会遭遇来自机构或者部门政策、标准和程序的限制和阻碍。换句话说，他会面对组织结构的束缚。尤其在当前高校科研立命的今天，科研和教学的矛盾与冲突已经进入无法调和的时期，科研已经成为高校教师生存发展空间维系的首要使命。在科研成果为首要目标的今天，教师对于教学的态度就会迅速被高校的各种政策制度性的组织结构所挫败。因此，教学支持服务机构的教师发展项目中也不能忽视组织结构的维度。而只有通过综合的方式，致力于提升教学效能所作出的努力才能有长期效应。

（二）我国大学教学支持服务机构学生发展支持服务功能的缺失

自20世纪80年代社会建构主义理论出现起，建构主义思潮迅速在世界高等教育范围内蔓延，以“学生为中心”成为各级各类教育机构所一致认可的教育理念。因此，教学支持服务机构也悄然发生转变，从最初只对教师发展功能的促进和提升，转变为对教师和学生双主体的支持和服务。与此同时，随着高校教学改革的不断深入，建立教学支持服务机构以提升学生的学习效力，转变学生学习方式成为促进学生学习效能，提高教育教学质量的重要方式。

从教学支持服务机构名称上分析，我国正式建立的第一批教学支持服务机构的名称为“教师教学发展中心”。尽管从全球视野来看，教学支持服务类机构也没有统一的名称或者统一的服务内容和项目，我们也很难从名称上去要求现有机构名称作出哪些方面的改变。然而，俗话说，“名不正则言不顺”，以“教师”和“教学”这两个词语并列出现在教学支持服务类机构当中的情况鲜有发生，则恰好说明也许我们国家对教学支持服务机构的认识还不够充分。如果“教学”一词的含义仅仅指向教师的教，那么教师这一主体在机构名称中的出现则显然是多余的。如果是“教与学”那么直接指向的则是教师和学生，显然，单方面地明确教师这一主体也不具有任何意义。而从教育部下发的文件所涵盖的六个方面来看，教师教学发展中心直接指向的是“教师的教学”，即以此机构推动教师发展中的教学发展。

而从教学支持服务机构建立的缘起分析，国外教学支持服务机构建立之初，学生这一角色的主体性地位就受到了强烈的关注。从20世纪60年代初期席卷西方的学生抗议运动，到建构主义理论兴起对学生主体地位的建立，对学生要求的响应成为教学支持服务机构立足的根本所在。而由于我们国家整个高等教育的经费绝大部分是政府在负担的，学生并没有从一个消费者的角度出发具有强烈的责任感的意识，这可能是跟西方相比，致使我国建立的教学支持服务机构学生主体缺失的原因之一。此外，"以学习者为中心这种理念没有竖立起来，学生就没有那么紧迫，并没有形成对学习服务的权利意识，所以，如果学生不重视的话，那么教师包括领导就更不重视了。再一个就是我们的学生群体比较简单，所以对于那种多样化需求不足，而西方的成人学生比较多，所以他们对于这种支持服务的意识还有现实需求其实都比我们强烈" 。

无论是哪种原因所带来的我国教学支持服务机构中学生主体地位的缺失，我们都应该看到，教育质量提升最根本的在于人才培养质量的提升，而无论是如何提升教师的教学发展或者促进教师发展，最终则是在于学生主体地位的建立。与国外包括我国港台地区的教学支持服务机构的学生发展支持服务功能相比较，尽管我国大学对于学生的支持服务也有各种机构在提供多样化的服务，如心理咨询中心、就业指导中心、教学院系、团委等，然而，真正切实地落实到学生的学习效能上的支持服务还有大量的工作要做，如何整合已有的支持和服务，构建整体划一的支持服务入口，切实地提供学生发展尤其是学习上的问题和困惑的支持服务成为关乎我国教学支持服务机构生存发展的重要议题。

三、大学教学支持服务体系教师教学发展功能对比分析

（一）教师培训与教师发展的差异分析

如前文所述，经过三十多年的组织化与制度化发展，我国构建起

完善的高校教师培训组织机构与培训保障机制，在内外部结合的教师培训方式带动下，培训内容与形式、培训理念与程序基本完善，教师培训的法制化建设也日趋完善。而在欧美高等教育发达的国家大多用教师发展（Faculty Development）来围绕教师职业角色所需的知识、技能、态度情感等采取各种活动和方式，提升教师的教学发展、个人发展、专业发展及组织发展。

1.教师培训与教师发展理念的差异分析

“培训”一词在辞海中的解释为“培养训练”，用英文单词“training”来描述。在商业领域中培训是一种有组织的知识传递、技能传递、标准传递、信息传递、信念传递、管理训诫行为。培训是一个外部确立目标，通过训练实现被培训的目标的过程，因此，教师培训是一个在外力控制下促使教师实现所要求目标的过程。在此过程中，培训者处于支配地位，而接受培训的教师处于被支配地位。在教师培训理念的指导下，我国高校教师培训强调外部目标的设定，即根据我国高等教育所处的不同发展阶段对教师进行集体培训。在此过程中，注重知识的系统性，强化理论和理念的提升，但是也由此削弱了对教师教学能力和实践能力的培养。同时，这种整齐划一、整体推动的培训模式和行政命令式的运作方式，由于无法满足教师各个年龄阶段、各种学科类型教学实际、各种教学实践的需要，教师也形成了一定程度的抵触情绪，培训质量必然难以保障。

“发展”一词在辞海中的解释为“事物由小到大、由简到繁、由低级到高级”的运动变化的过程，用英文单词“development”来描述。发展同样有明确的目标，但是该目标更多的是自身规划和设定，是教师自身通过不断努力以促使自身不断向上的过程。因此，教师发展是一个“可持续的学习过程”。在此过程中，教师参与各种活动都是为了促使自身能力的提升和目标的实现。显然，教师处于主动地位，而教学支持服务机构处于支持和服务的地位。在教师发展的理念指导下，欧美高等教育发达国家采取“需求—菜单—选择”的程序模式，教师的需求成为教学支持服务机构提供支持服务的引领者，教学支持服务机构面对教师的需求，提供各种支持和服务的“菜单”，设计各种教师发展的活动和内容供教师选择。此外，教师在参与活动的过程中，对各种项目和活动进行评价，提出改进的意见以便使教学支持服务机构更好地满足教师发展的需要。

总之，与欧美高等教育发达国家相比，我国教师培训的理念始终处于落后的地位，尽管政府主导式的教师培训和做法便于集中利用资源优势，取得更大的规模效益，然而，由于教师始终处于被动地位，教师个性化、多样性的需求无法得到满足，教师培训质量提升也就无从谈起。因此，转变教师培训的理念，真正推动和落实教师发展，服务教师成为教师发展活动的最终落脚点，将教师置于教师培训的主导地位，才能有效地改变培训模式单一的现状，也才能调动教师参与各种活动和项目的积极性和主动性，切实提升教师发展的质量和效益。

2.培训内容和形式的差异分析

由于我国是政府行为构建的教师培训体系，因此教师培训以高校外部教师培训为主，如前文所述，我国教师培训主要以提高教师的学历和科研水平为主要内容，针对不同学科教师教学的培训内容相对缺乏，自 2007 年我国高校教师网络培训平台开通以来，针对学科教师的课程培训数量有所增加，也取得了一定的成绩。从培训形式上分析，尽管我国目前有十余种教师培训的方式，但仍以学历补偿和科研能力提升为主要目标。从培训对象来看，主要以新教师培训和中青年教师和骨干教师培训为主，这些对象大多教龄比较短、职称比较低，对其他职业发展阶段的教师的培训比较缺乏。在培训过程中，培训的活动形式比较单一，主要以大规模的集体知识讲授为主，往往忽视了不同年龄阶段、不同职业发展阶段的教师的需要。忽视了高校教师作为学习主体的客观事实，未能形成培训过程中人与人之间的互动。因此，参加培训的教师往往是被动的记忆和模仿，培训效果对真正的教学效能提升的帮助和作用比较有限。

欧美发达国家高校教学支持服务机构对教师发展提供的支持和服务内容非常广泛。其内容涵盖教师的教学发展、专业发展、组织发展和个人发展的方方面面。在教师的教学发展上，帮助教师掌握先进的教育理念、方法和技术，提高教师的教育教学能力和水平；在专业发展上，帮助教师提升学术科研水平和能力，提升专业权威性和影响力；在组织发展上，帮助院系进行管理服务水平的提升以及促进院系人才培养目标和课程体系的设计；在个人发展上，为教师提供优厚的教学条件，为教师个人发展规划提供咨询建议，并不断关注教师的身心健康发展等。而从教师发展活动方式来看，精细化的专业支持服务是其最大的特色。教学支持服务机构通过开展各种研讨会等活动促进教师之间的经验交流和分享；通过专门的技术支持和辅导协助教师开展教学模式和方法的创新；通过开展教学评价和教学分析活动帮助教师提升教学能力和技巧；通过建立教学档案袋等方式引导教师职业生涯发展和规划；通过提供个性化的咨询服务解决教师教学及个人发展中的问题和困惑；通过设立各种研究项目或者倡议，协助教师和院系提升教学学术水平和人才培养质量等方式，以切实满足教师、学生以及院系未来发展的需要。

综上，改变已有的教师培训理念，从教师培训走向教师发展是一次理念的飞跃和提升，在此过程中，转变教学支持服务机构的行政管理职能，走向专业化支持服务是我国国家级教师教学发展示范中心建设的必然选择。也唯有如此，才能摆脱旧有的单一的培训内容和方式，真正以人为本，建立促进教师发展的教学支持服务机构。只有从教师的实际需要出发，建立形式多样的教师研讨、交流、咨询等支持服务，才能切实满足不同学科、不同年龄、不同职业发展阶段教师的实际教学需要，解决教师教学过程中面临的真正的问题和困惑，教学支持服务机构才能不断发展壮大。

（二）大学内部教学质量监控功能的差异分析

如前文所述，我国大学内部教学质量保障体系围绕教师教学过程的保障可以分成两个部分：一是对教学活动过程的监督和控制；二是对教师教学采取奖励形式的激励政策和制度。客观地讲，以教学督导为主体的教学质量监督体系以及以学生评教为主的教学成果评价制度对教学过程的测评和监督、教师教学质量意识的提升都起到了积极的作用。然而，在现实的发展中，鉴定、考核、选拔和淘汰都成了促进教师重视教学的压迫式的力量，掩盖了教学质量保障体系的真正目的和意图。正如斯塔费尔比姆所认为的：评估最重要的意图不是为了证明（Prove），而是为了改进（Improve）。正由于此，无论是教学督导还是教学评价都应该是问题解决的开始，是支持服务的源头，而不是单项活动的结束。

1.教学监控与教学分析的差异分析

在我国大学教学过程的质量监控中，教学督导构成了承担监督责任的主体，常用的方式为随堂听课的模式。即选择有丰富的教学经验和较高的教学艺术水平的老教师担任督导，在听课完成后，给教师提出口头或者书面建议，实现对教学过程进行督导和帮助。然而在具体的实施过程中，由于教师始终处于“被监督”状态，加之将督导听课作为一种鉴定性和评比性的教学评价依据，教师对此往往持一种天然的抵抗情绪。在“下列哪些活动对您的教学效果提升有帮助（多选）”的调查结果显示，仅有7.78%的教师选择了这一选项。由此可以看出，教师群体对教学督导这一制度和实施行为的不满。

在欧美高等教育发达国家的教学支持服务机构中，教学分析功能构成了教师发展功能的重要组成之一。尽管教学分析仍然是课堂观察为主构成的，但是其主要差异在于教师的“被动监控”与“主动监控”的差异。教师根据自身教学的困惑与问题，主动向教学支持服务机构提出申请，教学督导在课前和教师相互了解和熟悉，明确教师的需要，确定课堂观察的维度。观察结束后，与教师进行讨论，提出书面的反馈意见或者建议。而提出书面建议并不意味着教学分析活动的结束，而是真正的问题解决的起点。教学督导通过课后咨询和教师对书面建议的反馈不断地进行沟通和交流，协助教师肯定自身教学优势，并探讨有效教学的建议和意见。最后形成教学提升计划以不断促进教师教学能力的提升和有效教学目标的实现，进入下一轮的教学分析过程。

从教学督导或者课堂观察员的人员构成上分析，我国教学督导主要以老教师为主。而国外的课堂观察员则不仅仅有老教师，其主体为年轻教师，此外，还有学生群体的参与。其优势在于面对学生的督导，教师就必须面对他能从学生身上学到什么，也就会导致师生关系的互换，这构成了最初改变教师对学生以及学习过程概念的观点和看法的动力来源。另外，在“需要的培训形式”的调查结果显示，教学观摩的结果比例高达48.9%。年轻教师的参与，更能理解出现在同事教学过程中出现的问题，也恰好满足了教师教学观摩的需要，必然引起教师自身的反思以及促进教师之间的沟通和交流。

从教学督导或教学分析的流程上分析，我国教学督导是以听课计划、课堂听课、课后建议的方式完成，教学督导以最终提供改进的建议或者意见而完成教学过程监控。而教学分析过程则由课前沟通、课堂观察、书面建议、课后交流、教师意见反馈等组成，显然，书面建议恰恰是教师改进的起点，而随后的支持和服务才是真正面对教师教学中的问题和困惑，提供解决和改进的建议的关键步骤。而教学督导后续步骤的缺乏构成了教师独自面对问题的局面，这正是教师对教学督导功能改进教学活动不满的重要因素。

2.教学评价功能的比较分析

在“所在学校的教学评价结果反馈内容和形式”的调查结果中，分值构成了教学评价结果反馈的主要内容，此外，有 1/3 的教师选择了既有分值也有不足之处和改进建议。因此，在教学评价对教学改进的调查中，将近 45%的教师认为教学评价结果对教学效能的提升有帮助，认为帮助效果一般的占到 38%。而在“应当采取哪种方式进行教学评价（多选）”的结果显示，学生评价和同行评价具有相同的比例，占据第一位，而有 36.7%的教师选择教学历程档案袋评价。显然，教学档案袋评价已经成为日益受到教师认可的评价方式。

我国高校中目前普遍采用学生评教的方式，尽管“有的认为学生评老师不是绝对的客观和科学。因为这是要算平均分的。比如，有的学生评分很低，这差距就会拉开了。但是，由于各种原因的限制，尚且没有其他的教师教学评价的方式”。

而纵观欧美高等教育发达国家目前普遍采用学习成果导向的教学评价以及建立教学历程档案袋实现对教师的教学评价。学习成果导向的教学评价的优势在于改变传统的注重输入内容的方式，引导教师教学模式向以学生学习成效为主的课程设计转变。学习成果导向的评价则必将引起教师教学模式的转变。首先教师必须明确教学目标，即学完课程后应该具有哪些核心能力，在此之前则必须评价学生的初始状态，而两者之间的差距则有赖于教学活动来实现和达成。教学结束后，评价学生是否达成最初设定的目标，以及达到的程度，以此来修正教师最初的课程设计、教学方法以及评价方式与教学目标的一致性。这种学习成果导向评价的转变以及由此带来的教学模式转变，并不否定前面所提及的同行评价以及自我评价的方式，显然学生评价的方式更加有利于对教师教学的改进和提升。教学历程档案袋的评价则不仅是引导教师长期系统地收集教学活动相关材料与文件的资料夹，更是强调精练地的整合所有重要资料来具体呈现个人教学的表现与努力的重要方式，能全面地呈现教师的教学技巧、能力、态度和价值，已经成为当前教学支持服务机构开展教学评价的重要方式之一。

（三）技术支持功能的差异分析

信息技术的飞速发展已绝非超越简单的教学和学习的时空这般简单，正如《国家中长期教育改革和发展规划纲要（2010~2020）》中提出的“信息技术对教育发展具有革命性影响”，信息技术与教育的不断融合，正在促使教育理念、内容、方法或手段、途径发生重要的转变。在此过程中，信息技术已经渗透进高等教育的各个角落，促使教师的教学和学生的学习发生历史性的变革。因此，利用信息技术为教师的教学和学生的学习提供支持服务已远远超越单纯的优质资源提供这一狭隘的实践范围。

从教师的教学支持服务分析，技术的教学应用已经渗透进课程准备、知识传递、师生互动、学习评价等教学活动的全过程。教学支持服务机构对教师开展的技术支持服务包括：以微格教学活动促进教师教学技能的自我提升；以技术专家支持服务教师应用技术技能的提升；构建在线资源库协助教师进行课程准备、获取最新教学理论和技巧的研究成果以及同行教学经验，促进同事之间的沟通和交流；构建教学历程档促进教师教学评价的客观性与真实性，加速教师教学效能的自我改进；构建专家资源库及时响应教师的教学咨询以及个人发展的支持服务；以技术专家、教学论专家、课程设计专家协助教师利用媒体技术进行教学创新，等等。信息技术非常重要，在整个教学中心的建设当中，这就是一个核心的东西。笔者认为在教师的支持服务这一块，如果没有信息技术的支撑，根本就做不到及时、丰富和多元。

因此，信息技术的应用绝非仅仅提供优质教育资源那么简单，“教师教学发展支持服务的全面实施要依靠教育技术、依靠 IT，要有人用 IT 技术来做这个事情，所以要有懂信息技术的人来做这个事情”。在此过程中，需要专业化的队伍为教师的课程设计、包装、知识呈现的媒体形式以及评价的实施服务，这不仅仅是依靠技术的培训可以解决的问题，要切实地将技术专家和教学专家、课程设计专家的工作细致到具体课程中间。教学支持服务才能真正实现信息技术与课程的融合、与教学的融合、与课堂的融合、与现实需要的全面融合。

（四）教学研究功能的差异分析

当前我国高校在此行政管理思维模式的推动下，承载教学研究功能的教务处教学研究科转变为教学改革项目立项、审批、管理、组织评价的项目管理科，而真正自身的教学研究功能并没有得以彰显。

从国外以及我国港台地区的教学支持服务机构所承担的教学研究功能来看，主要有以下几个方面：第一，研究构成了教学支持服务机构提供支持服务的基石。借鉴和吸取最新的理论成果，推动教师教育理念和技术应用能力的提升；通过自身的实践探索，总结和提炼开展教学评价、教学咨询的途径和长效机制；利用学校的已有特色和学科优势，为学科发展和教育教学改革提供相应的数据支持。第二，建立专业化的队伍，引导机构的教育专家、教学设计专家、教育技术专家等与教师的具体课程相结合，利用自身的专长和研究的优势，与教师协同工作，开展合作研究，进行教学模式创新，探索信息时代教育教学改革的、方法、途径以及相应的政策与机制，以提升教师教学学术发展，引领教学改革的潮流。第三，跟踪世界前沿进展，推动院系层次课程改革和人才培养目标的重新界定。开展大学院系与世界高等教育专业前沿的课程设置、人才培养目标、模式、方法、途径的对比研究，结合自身的优势和特色，协助院系进行课程体系设置的重新界定和人才培养目标的确立。第四，开展调查与研究，与院系和部门合作，整合现有的人力、制度与资源，充实教学的基础，厚植卓越教学的根基，推动和促进大学教育改革的顺利进行和可持续发展。总之，建立专业化的教学研究团队、提升自身的教学研究实力和水平已成为以研究推动支持服务内涵提升的必然抉择。

此外，对于教学咨询功能以及与教师个人发展咨询服务功能的建立也已成为当前教学支持服务机构的重要功能之一，由于我国高校目前此类功能尚未完全建立，在此不作比较分析。

综上所述，相对而言，我国大学教学支持服务机构的建立起步较晚，然而，在我国大学中对于教师的教学支持和学生的学习支持也已经做了大量的工作，已有较为深厚的积淀。在我国当前高等教育体制和制度下，如何构建专业化的教学支持服务队伍，开展面向教师教学和学生学习为对象的精细化、多层次、全方位的教学支持服务，在院系层次上提供专业化、协助性的研究与支持，在学校层次上联合各级各类部门共同支撑和促进教学改革，已经成为当前教学支持服务机构备受关注的核心所在，也是我国借鉴和吸取国外相关机构经验的基础上，开展本土化实践的关键所在。

第四节 我国大学教师教学发展中心建设的对策与建议

基于已有分析可以得知，基于我国高等教育所处的历史阶段和发展历程，所受高等教育体制和制度的影响不同，大学所处的外部环境及内部差异的影响，大学内部现有的体制、部门与机制影响不同，以及我国大学师生当前的整体结构和素质的差异，都共同决定了我国大学教学支持服务体系建立的发展之路必然有其特殊性，其创建、发展、生长、创新之路必然注定尚无法与已有半个世界之久的欧美高等教育发达国家此类机构相比。然而，在我国高等教育主管部门的不断推动下，立足已有的实践成果，进一步构建完善的教学支持服务功能体系，建立专业化的支持服务队伍，以促进教学效能提升，提升教育教学质量，进而推动我国高等教育大国向高等教育强国转变的时机已然来临。

一、大学教学支持服务体系体制机制的建议与思考

（一）加强对国家级教师教学发展示范中心建设项目的引导、监管与评价

分析《关于启动国家级教师教学发展示范中心建设工作的通知》可以发现，国家此次建立30所示范中心的目标和内容是指向明确的，即“以提升高等学校中青年教师和基础课教师业务水平和教学能力为重点，完善教师教学发展机制，推进教师培训、教学咨询、教学改革、质量评价等工作的常态化、制度化，切实提高教师教学能力和水平，建设高素质教师队伍”。以教师培训、教学咨询服务、教学改革研究、教学质量评估、优质教育资源和区域服务为重点建设内容。对项目的

管理采用年度报告制度，对中心的评估采取“适时对各中心的运行状况以及工作成效进行检查评比”进行描述。

而对于政府行为建立教学支持服务机构的运作模式和方法方面的考察发现，与我国高等教育境况极为相似的英国的“卓越教学与学习中心项目”（Centers of Excellence in Teachingand Learning Programme， CETLs）的经验告诉我们来自主办大学高层管理者和合作机构强有力的支持，以及在中心发展的早期就着手构建自我评价是项目运作是否成功的关键因素之一。

与英国 CETLs 项目建设相似的是，我国国家级教师教学发展示范中心建设的周期是五年。而英国的经验告诉我们，在这样一个复杂的、基础的大学活动领域，尤其是那些意义重大的、需要创新工作的领域，五年并不足以完成一个完整的循环。项目建立的前两年用来设计和构建每个领域，接下来的两年 CETL 中心则不断受到已有文化和建立最佳运作系统的挑战。项目最后一年用来评价和传播关键成果和发现，但是没有足够的时间来实施评价所建议的变革。

此外，对项目的监控和管理也一直是英国 CETLs 建设中备受争议的话题。轻触式项目管理给各个中心以高度的自治权，这无疑为中心早期的发展提供了绝佳的条件。但是，这也给 CETL 中心之间协作与互联带来了重大挑战。正如有中心在自评报告中指出的：我们没有感到我们是这个国家群体或运动的一部分，作为开发分享一系列价值、兴趣点、战略、活动和产出整体的一部分。由于只有规劝，并没有对 CETL 统一工作的正式要求，没有国家协调来引领以及支持这些工作，CETL 起初的普遍价值并不大于所有部分相加之和。因此，创建一个 CETLs 群体以取得成效的机会以及国家层面上影响战略、政策甚至实践的意图就不能完全实现。

总之，政府主导以自上而下的方式建立的大学教学支持服务机构有充足的经费支持和保障，然而，是否获得中心所在高等教育机构的全力支持，该中心是否有足够的环境和土壤适应该机构的生存和发展，CETL 中心在高等教育机构中的位置和角色成为其是否可持续发展的关键因素。这与能否有效地促进 CETL 活动的开展以及中心的研究成果和发展能够在高等教育机构内部传播和实现成果的嵌入紧密相关，也于国家教育部门主管机构对项目的引导、监管和评价密切相关。

（二）构建多群体参与的专业组织联盟推动教学支持服务机构之间的联合与共享

基于对中心的示范、辐射及引领作用的思考，当前我国国家级教师教学发展示范中心建设内容中明确提出要有区域服务作用。其根本要义在于，教学支持服务机构不能仅仅拘泥于所在高校自身，要使教学支持服务机构的建设在整个高等教育范围内作出贡献，就必须整合所有志同道合的参与者和团队开展更加广泛而深入的合作，这也正是 PODNetwork 推动世界高等教育发达国家教学支持服务机构全面发展的关键所在。

在访谈过程中，诸如 Z 教授、S 教授等也不止一次提及建立教学支持服务机构联盟的重要性。汇聚推动教学支持服务发展的各种力量，联合和团结一切以促进高等教育质量提升为己任的管理者、研究者、实践者们共谋发展、共享智慧，这不仅可以推动教学支持服务机构具体事务的发展和交流，还可以使各个机构的研究成果和实践成果在专业群体内的共享和交流，甚至可以影响高等教育管理者乃至国家相关政策、体制的发展。在这个全球化与数字化合流的时代，共同引领我国高等教育教学支持服务机构的建设和发展，带动大学教学效能的提升，进而促进我国从高等教育大国向高等教育强国的转变，这是我国大学教学支持服务机构发展的必然选择，也是时代赋予的机遇和挑战。

（三）实现资源整合，建立责权利统一的专业化支持服务机构

在当前我国高等教育所处的大环境中，政府主导以行政命令方式推动建立的教学支持服务机构有其独特的优势，对于整合已有资源，短期内初具规模和成效具有重要的意义和价值。然而，这种行政管理的思维、行政管理的方法、行政管理的政策和行政管理的手段来构建的中心机构也必然很难走向专业化的支持和服务。此外，我国大学内部的部门和组织在教师教学发展方面做了大量的工作，然而，我国大学对教学的支持和服务的弥散性决定了多种机构共同参与，彼此之间的责、权、利划分不够清晰，容易造成要么相互推诿，要么争来抢去的局面，大量的时间、精力、人力、物力都在此过程中相互抵消。因此，立足已有基础，建立责、权、利统一的专业化支持服务机构成为中心能否顺利开展工作的前提。从机构的行政隶属来看，通常教学支持服务机构应属于学校的直属机构，通常受直属分管副校长的领导。这种高层次的定位既是为了提高机构的地位，强化它的权威性，同时也是为了便于组织、协调、沟通与相关职能部门和教学单位的关系。从机构的人员构成来看，建立专业化的专职队伍是确保机构长效运转的重要因素。从目前 30 所国家级示范中心的人员构成来看，绝大部分机构成员都是兼职队伍。兼职人员大多为校内的教育专家或者各个学科的专家教授，由于其自身教学、科研及社会兼职的压力过大，造成在该机构的支持服务以及研究等方面投入不足，那么最终陷入由非专业的行政人员来运作的局面，仍然难以逃脱进入管理的陷进，支持服务就难以谈起。另外，人员构成背景的多样化也是国外教学支持服务机构的特点之一，其优势在于充分发挥不同专业背景的优势，形成

学科的互补。

从机构的经费来源看，中心各项工作如研讨会、午餐会、经验交流会、教学奖励等各项活动必须有雄厚的资金支持。而在我们国内高校目前涉及经费、项目的支持主要以教务处和人事处为主，都是职能部门来做。此外，建立参与中心活动的政策制度，约束教师参加中心活动也是教学支持服务类机构起步阶段所必须采取的一些措施，单纯依靠教师的自觉性和主动性，在当前科研之上的大学氛围中势必难以长久发展。因此，转换思维，将责、权、利统一交给教学支持服务机构来处理。如果只有责任，没有权利，没有自主发展和建设的自主权，中心的各项工作就很难调动教师、学生的积极性来参与中心的活动，那么中心的工作就难以开展。

（四）建立专职研究队伍是保障教学支持服务工作顺利开展的基石

除提供和组织开展教师和学生所需的各种服务内容和活动之外，开展研究也是教学支持服务机构的一项重要职能，这也构成了其所提供支持服务的内容和项目的来源。

第一，如前文所述，无论是针对教师个体发展的教育理念、方法、教学组织形式和活动以及技术应用、教学评价等的促进和提升，都需要机构人员追踪世界前沿的理论和实践研究的最新成果，以保障教师发展理念的更新以及与世界前沿实践的一致性；第二，为更好地应用前沿的理论和实践研究的成果，还需要不断跟踪、调查、研究机构所在高校教师和学生的现状，以构建校本特色的教学支持服务机构，更好地促进教师和学生发展；第三，在与教师协同工作的过程中，不断总结和提炼教学创新的实践成果，推动和促进教师教学学术的发展；第四，开展对世界前沿学科和专业人才培养模式和课程体系设置的研究，协助院系教学单位调整课程体系，开展对学生的学情和教师的教学现状等调查和研究，进而推动高校教育教学改革；第五，建立教学改革研究项目，调动教师积极主动开展教学改革研究，探索不同领域、不同学科、不同课程类型的教学模式创新。

正由于此，构建专职研究队伍，使教学支持服务机构的研究成果成为引领教学支持和服务发展方向的重要保障，同时，开展对支持服务实践的调查和研究又不断推动理论和实践的向前发展。而对于我国大学现有部门来说，以高等教育研究机构如高教所、教育研究院等群体现有的优势和特色为基础，逐步引导和拓展其对所在机构的支持和服务的研究功能是当前最为现实和可行的道路。海洋大学以高等教育研究和评估中心所构建起的教学支持中心的实践也证明，在已有院系（所）的研究基础上构建起的教学支持服务机构的专职研究队伍，才能更好地以研究支持和保障教学支持服务机构工作的顺利开展。

二、大学教学支持服务体系实践运行的对策建议

（一）转变教师培训理念，关注教师全面发展

如前文调查结果所示，教师对参与培训具有相当高的认可度，但是对教师培训活动和心理预期的结果产生了截然相反的判断，对教师培训活动的方式和内容给予了否定。其根源在于教师培训活动是否真正满足了教师的需要。因此，从被动式、整齐划一、集约型的培训模式走向分层次、分学科的服务内容和形式的多样化已经成为当前促进教师发展、提升教学效能的主要理念和活动方式。在教师发展理念的引领下，教师不是依据行政命令和管理的方便，被动地参与各种活动，而是教学支持服务机构在了解教师需求的基础上，提供可供教师选择的便于教师参与的活动和项目内容。

从教学支持服务机构的长期实践经验可以看出，尽管以关注教师教学理念、技能、教学咨询、教学评价为主体的教师教学发展构成了机构面向教师的主要支持与服务。但是，单纯地促进教师教学发展而放弃对教师的教育哲学与教学价值观念的引导，也势必会引起教师对教学的轻视，从而带来教学效能的降低。而积极主动地参与教师的个人长期职业生涯规划，提供不同职业发展阶段的心理调适，解决教师工作、生活、学习上的困惑和障碍也已成为促进教师教学效能提升的重要保障。同时，单方面地为教师的具体课程提供支持服务，引导教师进行教学创新和改革还可能会受到组织结构的影响和束缚，协助教师所在院系和大学改变原有的组织、管理、评价等的政策和制度，建立轻松、愉悦，适合教师开展教学创新，从事教学学术发展的组织氛围也是教师教学效能提升的重要保障。因此，为教师的教学发展、组织发展、个人发展提供全方位的支持和服务，关注教师的全面发展，才能真正、切实、有效地形成教学为先的浓厚氛围，促进教学效能的提升。

（二）树立以学生为中心理念，为学生发展提供支持与服务

当前我国教育教学改革已经进入核心和关键阶段，推动学习改革已经成为教学改革深化发展的内在需要。无论是教师的教学发展还是建立教学支持服务机构，最终都是通过各种方式方法促进学生学会学习，进而促进学生的全面发展。因此，教学支持服务机构在“以学生为中心”理念的引领下，将学生作为支持服务的对象纳入教学支持服务机构的服务范围，成为信息时代教学支持服务机构服务内涵与外延拓展的重要举措。

从已有的国外及我国港台地区教学支持服务机构提供的学生发展功能方面来看，采用线上与线下结合的方式提供学习策略和技能是

其服务的重要内容之一，其中包括：通用学习策略与技能学科学习策略与技能、个人能力素养提升策略与技巧等内容；围绕学生的课程学习、学校生活中的心理困惑以及未来职业发展的目标选择与定位等问题提供课程学习的咨询与辅导以及学生心理咨询与辅导构成了第二个方面的支持与服务；建立学业预警制度与学习分析技术及时发现学生学习过程中的问题与障碍，解决学生在学习过程中遇到的态度、情感以及知识技能掌握中的困惑，成为提升学生的学习效能的关键所在；改变传统的一元化评价向评价者和评价内容的多元化转变，使以学习者为中心的评价，以评价促进学生的成长和发展真正落到实处，建立电子档案袋以培养和建立学习者的自我评价的能力和水平，反映学习者的真实学习境况的学习档案袋成为教学支持服务机构的又一职能所在。

总之，当前我国教育教学改革正逐渐进入深水区，真正地建立“以学生为中心”的学习改革成为教学改革成败的关键所在，致力于提升学生学习效能，为学生提供课程辅导和咨询，提升学生的学习策略和技能成为信息时代教学支持服务机构的重要功能。此外，关注学生的成长和发展，为学生在校期间提供学习过程的监控和保障，及时发现学生的问题，有针对性地提出改进的建议和措施，进而对促进学生的全面和可持续发展也构成了教学支持服务机构的基本职能之一。

（三）实现评估与督导观念的转变，从教学质量保障走向促进教学发展

我国大学目前普遍建立了以教学评估与教学督导为主的教学质量保障制度。这一制度的实施背后更加强调教学的外部监管，即通过实施外部压力迫使教师重视教学质量的提升。而国外高校更加强调教学的内在发展，即以通过对教师教学的评估和分析，促进教师教学水

平和技能的提升，弥补教师已有的不足达到教学发展的目的。

无论是教学质量保障还是教学发展都不排斥教学评价，而其根本的区别在于教学评价是教学发展的起点还是终点。当前，我国大学普遍采用的学生评价方式，从调查结果来看，尽管也有分值、教师的不足和改进的建议。然而，将学生评价作为教师职称晋升的依据和各种激励方式获取的依据确实值得商榷。在其合理性的背后，如何更加客观、真实地反映教师在教学上的成长和进步，不断推动教师职业生涯的发展是关键和核心所在。与此相似的是，国外高校大多使用“教学分析”一词，我国普遍采用的是“教学督导”。无论从人员构成还是操作流程上，都有可供我们借鉴之处。尽管我国大学建立的教学督导有其存在的合理性，与教学评价相似的是，发现问题之后，如何帮助教师的改进方式和方法，显然国外教学支持服务机构做出了榜样。

无论是教学质量保障或者促进教学发展其出发点都是有意义和价值鲜明的，但是，教学质量保障的对象是教学质量，因此其结果是鉴定性的、总结性的。而促进教学发展的对象是教师的教学，无论是教学评价还是教学分析，其过程和结果是建设性的、发展性的。正由于此，要提升国内高校的教学质量，都需要实现由以教学评估和教学督导为主的教学质量保障观念向以促进教师教学发展的“教学发展”质量观的转变，真正落实以支持服务促进教学的转变，促进学习效能提升。

（四）信息技术是推动教学支持服务机构可持续发展的核心力量

追溯教学支持服务机构的发展历史可以发现，从最初大学视听中心提供的媒体使用的支持与服务到当前信息时代互联网技术和计算机技术推动下所构建起的云计算环境下的各种课程管理系统、学习平台社区以及在线教育的不断扩展，技术在不断推动教育向前发展的同时，对“教”与“学”的效能的提升起到了极大的推动作用。因此，教学技术的辅导成为当前促进教师发展最重要、也是提供服务最多的工作。然而，在当前软硬件技术飞速发展的今天，技术的支持和服务并不仅仅是简单地提供给教师和学生各种软件、系统使用的技术操作问题，而更在于实现将技术和课程内容的全面融合、实现将技术和学习环境和教学环境的全面融合、实现将技术和教师与学生的日常工作、学习、生活的全面融合。因此，从基础软、硬件技术培训的技术探索与应用，提供数字化资源、在线课程及交互的系统和平台；提供档案袋评价、建立专家库的教学评价和咨询技术；实现学习分析与学业监控的各种教学辅助技术……信息技术的支持和服务已经融入到教学支持服务机构所能提供的服务内容和项目的每个“细胞”之中。

当前我国高校中，教务处课程中心为主提供课程资源和在线课程的系统平台，教育技术中心提供多媒体设备的使用和维护以及部分承担技术支持和咨询建议的工作。此外，在高校目前的信息化进程中，高校图书馆和网络中心也参与数字化资源的建设、管理和维护等工作。从各个部门和机构的人员构成来看，教育技术中心增加技术支持服务功能是比较现实和可行的方式。北京大学教育技术中心承担的“教学促进通讯”网络平台也证实了这种建议的可行性。但是，需要注意的是，对全国大多数高校的教育技术中心来说，其一直承载的绝大部分工作都是软、硬件等纯技术的支持和服务，因此，在教学设计、课程开发、促进机构人员与教师协同工作致力于新的教学模式创新等方面存在严重的不足和缺憾。

随着信息技术日新月异的发展，信息技术对教育的革命性的影响力已经初步显现。提供全方位、多角度、个性化的技术支持和服务以支持和促进大学效能提升的时代已然来临，高校教学支持服务机构也正从边缘地带走向中心位置，与国外大学相比，技术支持服务功能是我国大学当前的薄弱环节，这一现实境况为高校教育技术专业的人才培养目标的确立指明了一个方向。

（五）建立快速响应的咨询机制是我国大学教学支持与服务功能完善的重要任务

当前我国高校中尚没有明确的组织和机构开展面向教师的咨询支持和服务。而调查结果显示，教学咨询是教师群体极其认可的对教学效果提升有帮助的一项内容。因此，建立快速响应的咨询机制成为当前一项重要而又紧迫的任务。

无论是教师教学理念和技术的学习提升还是采取教学分析和督导的方式关注教学成果的评价，对于教学效能的提升的核心在于教师实际教学的过程之中。而由于教师在具体的教学活动过程中，学科领域、课程类型、授课对象等的差异，教师所面临的实际教学活动的组织和内容呈现形式往往千差万别，在此过程中，对教师教学过程中遇到的问题的支持和服务，提供面向教师的教学资讯服务成为大学教学支持服务机构的重要功能之一。此外，关注教师自身的成长和发展，关注教师的心理调适，建立促进教师个人发展的长效机制也成为重要的关注点之一。

从国外及我国港台地区教学支持服务机构实践的经验分析可以发现，建立快速响应的咨询机制主要包括：第一，建立学科专家资源库以应对教师的学科教学问题以及课程教学中遇到的困惑。大量的经验表明，教师教学过程中遇到的问题往往源于教师发展项目引起的教师对个人的人生目标和价值的反思和审视，因此，还需建立包括医学专家、教学专家、心理学专家在内的咨询团队，以应对教师个人发展中的困惑和问题。第二，建立畅通无阻的咨询服务获取途径。教师可以通过电话或者在线方式联系中心，并将所遇到的问题提交给中心人员，并初步确立咨询的时间和地点；随后，中心人员根据教师遇到的情况分析后，与资源库中的专家取得联系，并就时间和地点的问题进行沟通；经过几个反复后，最终确定咨询的时间、地点和人员，进入正式的咨询阶段。第三，咨询活动结束后，教师对咨询服务的满意度进行评价，专家则需进一步关注教师咨询问题的改进。在此过程中，中心主要承担建立资源库、响应教师需要、专家和教师沟通和联系以及跟踪教师问题解决进展的职能。同时还要承诺保护教师隐私以及收集教师对专家支持服务满意度的数据，提供经费保障等工作。

参考文献

[1]赵晓元. 远程教育学习支持服务体系建设研究[J]. 继续教育，2011(12).

[2]焦广兰. 对远程教育学习支持服务系统的研究[J]. 广州:广东师范大学学位论文，2004.

[3]李伟艺. 论现代远程教育的学习支持服务[J]. 教育理论与实践，2003(20).

[4]雷丹. 成人高等远程教育发展的问题与变革策略[J]. 中国成人教育，2005(4).

[5]周蔚. 现代远程教育学习支持服务现状研究——项针对学习者的调查与分析[J]. 中国远程教育，2005(3).

[6]章袱，徐正东. 教育学习支持服务满意度调查分析[J]. 中国远程教育，2011(4).

[7]李慧丽，杨光灿. 我国远程教育学习支持服务的研究现状——基于中国期刊网的分析[J]. 中国远程教育，2009(3).

[8]闰元元. 现代远程教育学习支持服务个案研究[D]. 昆明:云南大学硕士论文，2011.

[9]徐国保，徐志瑛，傅爱华，等. 远程教育学习支持服务有效性策略研究——以上海电视大学行分校为例[J]. 江苏广播电视大学学报，2009(2).

[10]吴南中，南旭光. 学习者需求导向下远程教育学习支持服务体系的重构[J]. 中国成人教育，2011(19).

[11]邢晓春，任潘. 远程教育学习支持服务体系存在的问题及对

策——以山东省发展状况为例[J]. 当代教育科学，2010(9).

[12]郑润如，黄燕梅. 远程教育学习支持服务的实证研究[J]. 中国医学教育技术，2009(5).

[13]张勇. 网络远程教育教学模式的探讨[J]. 教育与职业，2004(24).

[14]王振环. 现代远程教育教学模式及问题综合研究[D]. 广州:东北师范大学学位论文，2007.

[15]朱德权. 高校网络教学平台教学中的管理研究[D]. 南京:南京师范大学学位论文，2008.

[16]王文琳. 基于远程教育的教学模式设计[J]. 山东电大学报，2008(1).

[17]庄玉红. 关于当前高校远程教育问题的思考[J]. 科教导刊，2013(2):21-22.

[18]宋慧. 我国现代远程高等教育教学质量保证体系研究[D]. 北京:首都师范大学学位论文，2006.

[19]金一强. 面向服务的现代远程教育管理模型[J]. 现代教育技术，2011(21).

[20]罗招全，朱维学. 现代远程教育导论[M]. 兰州:兰州大学出版社，2008.

[21]陈丽. 远程教育学基础[M]. 北京:高等教育出版社，2004.

[22]赵蔚，姜强. 电子学档:一种适合网络学习评价的有力工具[J]. 现代远距离教育，2005(2).

[23]张志京. 论远程教育中人文精神的张扬[J]. 开放教育研究，2005(51).

[24]阎福安，等. 网络教育学习支持服务研究初探——构建非学

科性学习支持服务系统[J]. 华东理工大学学报，2008(2).

[25]唐知涵. 中外开放教育资源建设比较研究[D]. 湖北:华中科技大学学位论文，2009.

[26]张众. 关于网络教学资源建设的思考[J]. 开放教育研究，2005(11).

[27]马建国. 科研对于美国研究型大学之意义[J].清华大学教育研究，1996 (2).

[28]潘懋元，罗丹. 高校教师发展简论[J].中国大学教学，2007,(1) : 5-8.

[29]Australian Universities Teaching Committee, AUTC. (2010). Retrieved on December 12, 2010, from http://www.altc.edu.au/autc.

[30]Australian Vice-Chancellors' Committee. (1981). Academicst，development.Canberra: AVCC.

[31]Australian Senate Standing Committee on Education and the Arts. Tenure of academics. Canberre, AGPS, 1982.

[32]Australian Commonwealth Tertiary Education Commission. Review of efficiency and effectiveness in higher education. Canberra: AGPS, 1986.

[33]Balwin, Hon P. MP. Higher Education: Quality and Diversity in 1990s, Canberra: AGPS Press, 1991.

[33]Bergquist, W. H., Phillips, S. R.. Components of an effective faculty development program. Journal of Higher Education, 1975, 46 (2), 177-211.